黄裳集

古籍研究卷 II

前尘梦影新录

山东人民出版社 · 济南
国家一级出版社 全国百佳图书出版单位

学术顾问： 李济生　杨　苡　黄永玉　姜德明
钟叔河　郑　重

编辑小组： 陈子善　胡长青　李　辉　陈麦青
陆　灏　吕　浩　励　俊　凌　济
容　洁　容　仪

1989 年在曲阜孔子墓前

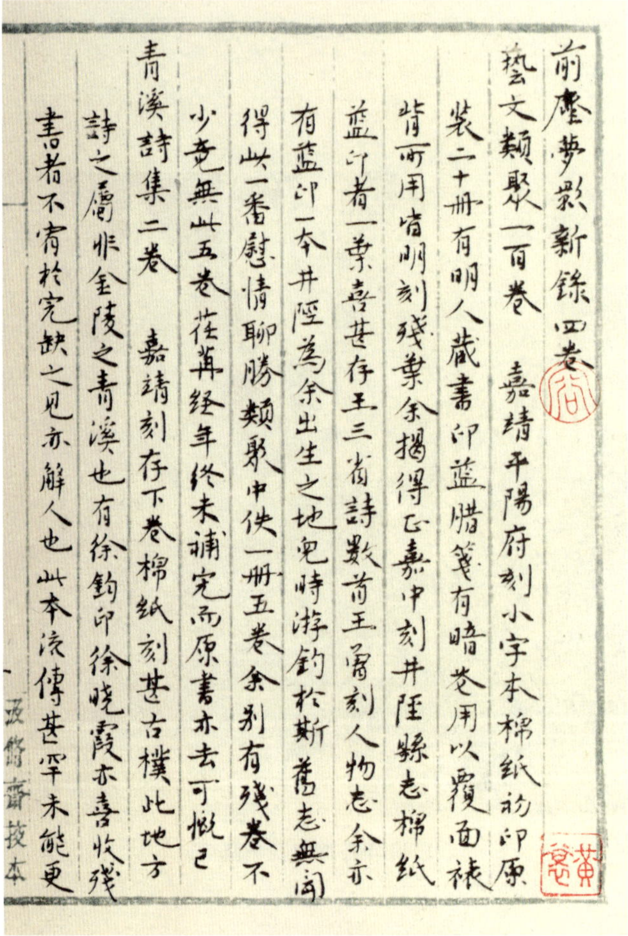
前塵夢影新錄四卷
藝文類聚一百卷　嘉靖平陽府刻小字本棉紙初印原裝二十册有明人藏書印藍臘箋有暗花用以覆面裱背所用皆明刻殘葉余揭得正嘉中刻井陘縣志棉紙藍印者一葉喜甚存王三省詩數首王省刻人物志余亦有藍印一本井陘爲余出生之地兒時游釣於斯舊志無問得此一番慰情聊勝類聚中佚一册五卷余别有殘卷不少竟無此五卷荏苒經年終未補完而原書亦去可慨已
青溪詩集二卷　嘉靖刻存下卷棉紙刻甚古樸此地方詩之屬非金陵之青溪也有徐鈞印徐曉霞亦喜收殘書者不屑於完缺之見亦解人也此本流傳甚罕未能更
汲脩齋挍本

稿本手迹

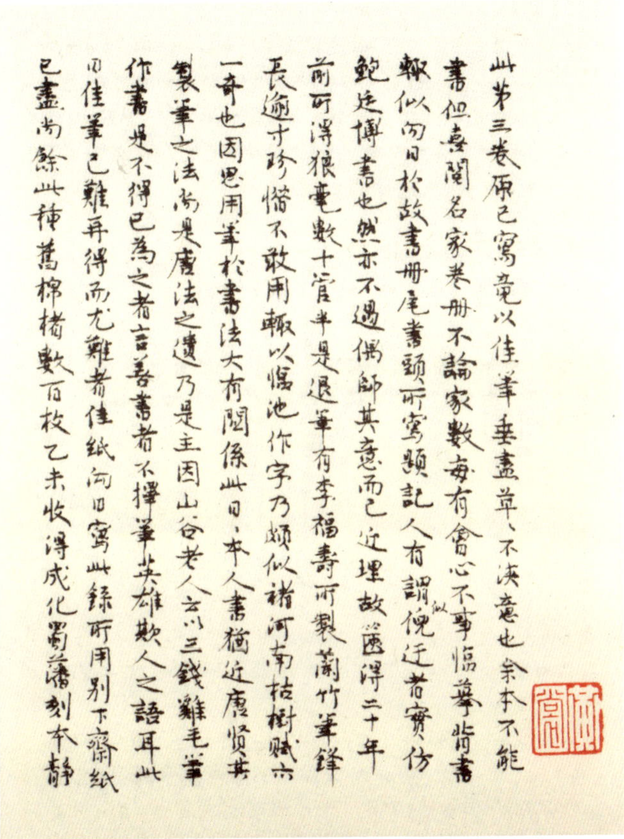
山第三卷原已寫竟以佳筆垂盡草草不洽意也余本不能書但喜閱名家卷册不論家數每有會心不事臨摹背書輒似向日於故書册尾書題所寫題記人有謂倪迂者實仿鮑廷博書也然亦不過偶師其意而已近理故篋得二十年前所得狼毫數十管半是退筆有李福壽所製蘭竹筆鋒長逾寸珍惜不敢用輒以臨池作字乃頗似褚河南枯樹賦六一奇也因思用筆於書法大有關係此日日本人書猶近唐賢其製筆之法尚是唐法之遺乃是主因山谷老人云以三錢雞毛筆作書是不得已為之者言善書者不擇筆英雄欺人之語耳此日佳筆已難再得而尤難者佳紙向日寫此錄所用別下齋紙已盡尚餘此種舊棉楮數百枚乙未收得成化蜀藩刻本靜

黄裳手迹

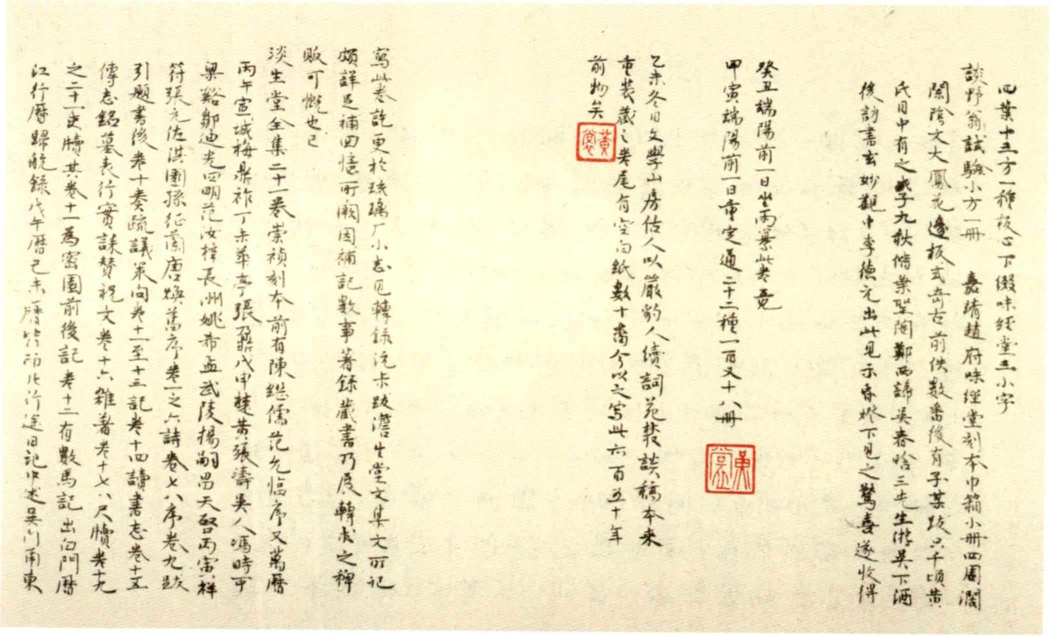

黄裳手迹

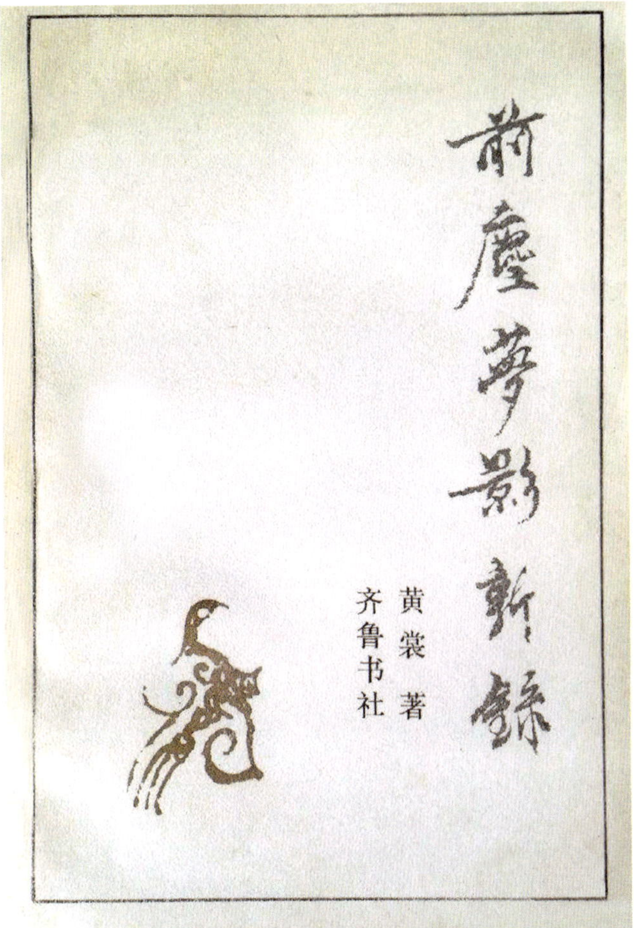

初版封面

前尘梦影新录

《前尘梦影新录》于1989年6月由齐鲁书社初版，2008年6月广西师大出版社依作者手稿本原式原样，线装影印。2015年9月中华书局又在此基础上，出版手稿影印、文字排印对照精装本。此次出版以线装影印手稿本为底本，参校中华版和齐鲁版，改正了其排印本的个别文字释读错误，如卷五“《直庐集》一卷、《使粤集》《归田集》一卷”中，“朋党”误释“角党”等。

书中明显讹误或不合于现代语言规范者，误字加括号，随后出正字，加方括号，以尽量保持原貌，如（亦）[逸]；补字亦加方括号。至若“匡”与“框”、“耑”与“端”、“唐”与“塘”等，或因通假而互用，阅读无碍，则皆仍其旧，不作校改。

前　记

十五年前一个春天的上午，我正在干校里“造房子”，忽然得到通知，要我第二天一早赶回市区报社人事科报到。原来是要按照“政策”没收我的全部藏书了。这一节事先当然对我是保密的。

一部大卡车，二十几个工作人员，由一位平常总是安安静静，甚至在“批斗”“提审”时也还语言缓慢、保持着温文尔雅气度的Q君率领，在我家的两间屋子里工作了整整一天。凡是有字的书本、包括拓片在内，一律装入随车带来的麻袋，运下楼去。麻袋不够了，又有人自告奋勇回家取来补充。卡车来去了若干次。总算抄得一干二净。当然，我以前住过的地方也还有不少书，包括父亲留下的一大批德文旧书，也没有被放过。还是Q君押着我前去。记得他背着手监视着查抄、装袋时曾轻轻地叹息道，

“看这许多毒草，害得你弄到这步田地了。还是抄掉的好。这对你的改造有好处。”

我在地上发现了一本鲁迅译的《死魂灵》，忽然产生了贪惜之念，就请问这一本是否可以留下给我看看。Q君轻轻

地摇着头说："鲁迅么，也不是没有错误的。何况这书又是俄国人写的，封资修一类的……"

好像只给我留下四卷《毛选》有点过意不去，他又从地上取了一小本胡风事件的《按语》递给我。

"这个么，倒可以留下看看，可以举一反三么。"这"举一反三"四个字他是很喜欢用的。在每次"提审"，追查时就不知道曾经说过多少遍。

我还曾不识趣地提出，这许多书，是否应该留下一份目录呢？这次得到的是另一个小头目的一声断喝："嚣张！"

出乎意料，第二天又来通知，要我一起到报社去参加编目的工作。走去一看，在三楼的一间长大的房间里，从我家里抄去的书已经排列得整整齐齐。自己也觉得有些奇怪，一包包叠起不觉得，一摊开来竟自有这满满的一房间。

参加编目的大约有五六个人，其中竟有过去认识的顾廷龙先生。连顾先生也请了来，可见对这些"封资修"的烂货的"重视"了，当时也确实使我吃了一惊。

顾先生是负责鉴定的，他大概先已粗粗地看过一遍，把较好的版本放在一边，由另一位登记。交给我入册的则是一些普通的板本。后来我曾看到过顾先生手写的一份"二类书目"，目后写道："以上二类古书共计捌佰贰拾贰种，贰仟壹佰陆拾册。制单人顾廷龙、周贤基。一九七二年十月十九日。"

可见清理、移交，直至制单完毕一共花了大约半年时间。我是第四五天就又被赶回干校"造房子"去了。没有看到编目、分配、搬运……的收梢。

又过了两年，我因病回到家里。养病之余，就写写字消遣。当时抄家时有一条规定，凡是有字的纸一律拿走，没有字的除外。这样，就有一大包旧纸被留下了。其中有明代的白棉纸，明清的竹纸，这都是预备装书用的，还有一卷五彩的旧高丽发笺，是准备做书皮子的。笔也还有一大把，但都已是“退笔”了。墨是一块也不曾留下，是从一位小朋友那里讨来的。在一两百年前的旧纸上写字，实在是很愉快的事，但也觉得随意涂写的可惜，就打算就回忆所得，陆续编写亡书目录，仿徐子晋的旧题，命之为《前尘梦影新录》。记忆是不可靠的，内容也记不真切了，所以这只能是一种挂一漏万的回忆录，随手也记下一些得书经过，书坊故事，近于随笔。其中有少详的几种，所据则是抄掠之余残存的几叶读书札记，也参考了一二种可能到手的新著，如邓之诚的《清诗纪事初编》，孙殿起的《琉璃厂小志》。

感谢齐鲁书社的好意，愿意印出这本小书。我是非常高兴的。因记始末，以当缘起。

1987. 1. 18

目　录

前尘梦影新录二卷

前尘梦影新录三卷

前尘梦影新录四卷

前尘梦影新录五卷

附录　增补十二篇

前尘梦影新录一卷

《武林旧事》四册

黑格旧抄本。原六卷，后四卷曹炎手补。卷前有虞山毛晋朱文方印，又有毛斧季印，钤于卷中。意此非毛氏抄，而以汲古旧纸写成者。后归武林吴氏瓶花斋，吴尺凫手校补旧本序跋。卷中有缺失，几近千字，别以小纸朱笔精楷补入，于粘接处上下各钤“尺凫”朱文小方印，精妙非常。卷前有尺凫朱墨笔跋，凡七八通，写于康熙、雍正中，俱见汪璐《藏书题识》，惟一跋失记。此本前无汪氏藏印，意所藏为过录本。卷前毛晋印之外，有“曹炎彬侯”印、“悠然见南山”印、“笠泽”印，皆曹氏印。“西泠吴氏”印、“慎流传勿损污”印、“吴焯尺凫”印、“绣谷薰习”印、“臣(晫)［焯］”印等凡十余印，皆吴氏印。又原序一叶，亦尺凫墨笔手补，宛妙无俦。庚寅春日，郭石麒以九峰旧庐王氏藏书八种见售，此为白眉。时方自湖上归，喜此书至，作跋卷端，并书所制湖上杂诗四绝，兹并录之：

菰蒲清浅水平沙，着个瓜皮艇子斜。榜尾斜阳成一顾，为渠烘上脸边霞。

醋鱼醇酒绿莼羹，不是湖楼浪得名。如此好春拚一醉，醉看红袖更倾城。

娟娟初月媚黄昏，眼底青螺远黛痕。数桨声迟人语寂，不知身在涌金门。

未妨闲度好春时，并立苍苔读断碑。依偎惯做痴情想，不是栖栖在乱离。

《弘明集》五册

明皮纸黑格精写本。精楷端丽，纸墨晶莹，焕若新制。杭人陈某绰号小六爷者，挟之来沪，见者皆疑为新抄，不敢过问，遂以归余。每册首有“会稽钮氏世学楼图籍”朱文大方印。第五册板心作“广弘明集”，板心下有姓氏，当是旧刻刊工。《(宏)［弘］明集》明万历中有刻本，此本早数十年，所出为旧板佳册，旧式犹存，未为后人窜乱。新会陈氏尝论此书古今雕板异同，所列旧本佳处，与此一一俱合。世学楼写本书，同时尚见别宥斋所藏《孤树裒谈》，纸墨行格，与此正同。然亦有写手潦草错乱、不可究诘者，余家所藏《记纂渊海》是也。陈某同时携来者尚有澹生堂抄本《雁门集》，残存前半，澹翁大印五方俱在。因循失收，为人买去。时尚有完缺之见存，可惜事也。

《大狩龙飞录》一册

明嘉靖司礼监刻本。棉纸，巨册。所辑皆嘉靖十八年顷遣官致祭天地神祇山岳川渎陵庙表文。诸文首列遣官衔名，自严嵩、夏言等起凡二十许人。此册得之石麒许，亦林集虚甬上携来之物，已仅散叶一叠，付工重装后，书根旧式始见，知为天一阁中遗物。

《岳麓书院石壁禹碑集》

嘉靖刻本。此山阴季本于湖湘得见摩岩奇字，以为禹碑，抚刻成卷，附以考释。实中国远古少数族文字，非禹迹也。前有季彭山等序，通体阴刻，大类墨拓。然刊木而非石雕。于嘉靖开板中，实为别格。余于周越然书中知所藏有天一阁藏蓝印本《南明十六景》等，与绍樵言之，不知尚在言言斋中否。绍樵告原书小册，难索重价，不欲售也。许以重直，后果以《高峣十二景》及此册来，喜而收之。二书皆嘉靖刻，亦皆甬上范氏物。高峣诗只四叶，雕椠甚精，只四叶耳。

《白厓先生集》四册

嘉靖刻本。四卷。棉纸大册精印。四明包梧子木撰。卷首大题下有“春字集”字样，阴文墨盖子。写刻，而非通常嘉靖本风气，颇恣肆。传本甚稀。梧，不知仕履，《张禺山集》有《前结交行》诗，后附姓名爵里，自杨廷和起凡四十三人，最后包槟，字子和，号麓亭，鄞县人，铸印局大使。

槟、梧当兄弟行。原书四册，以绫作书签犹存。其一卷首有“中麓李氏藏书”长方朱文印，奇古似铜印也。又“苍岩山人书屋记”。李中麓词山曲海，为明人藏书之有名者。然其旧储之书，绝未经见，此册出于其家，其珍秘为何如也。书为潘伯寅故物，得之俞某。

《尔雅》一册

嘉靖刻本。卷前有吴元恭刊书序。皮纸，最初印本。明丽非常，有山阴某氏藏印，忘其姓氏，亦旧而佳。此亦与《弘明集》同来之物，于明刻中实为名物。雕板雅韵欲流，真能得世彩堂书之法乳者，远非东雅堂刻可及。顾千里盛称其佳，百年来遂为奇货。尝见孙助廉得一本，绝珍重之。然经人涂乙，铅粉满纸，如堕溷中。更观此本，真亭亭净植矣。

《霏雪录》一册

成化黑口刻本。原刻极罕，诸家所储，大抵钞白。曾于济南见海源阁藏黄丕烈手跋本，亦但乾嘉中抄耳。余游吴下，于文学山房得书数种，皆不全。估人云余书尚在，可缓缓伺之。因买归。未几而缺卷至，遂为完书，重装为一厚册。此本颇后印，中多缺番，旧人以棉纸白叶补之，惜无从抄足。

《状元图考》五册

万历刻本。棉纸精印。附图精绝，出黄端甫手。后附考证、诗文各一卷。图考讫于周玉绳，羡出原目者凡二人。此为书估贸利之书，雕非一时。所见著录之本，每有微异。其为人所重，乃在板画。书出洞庭山中，吴下估人吴瀚挟来，以厚直收之。

《养正图解》二册

万历刻本。棉纸，初印精丽。前有焦竑序。图颇古拙，线条遒劲，是金陵开板，与徽派板画判然有别。图绘出丁云鹏手，凡六十图。图各有说，颇存口语，可见讲筵风气。此是进御之书，雕椠极工。后乃数数翻雕，如玩虎轩本之属，世每有之。有吴兴周氏亦足斋藏印，周越然兄由廛物，徐绍樵介以归余。同出尚有《考古图》，亦万历刻棉纸本。

《吴骚合编》四册

崇祯刻。竹纸最初印本。此书本不稀见，惟似此精印，则海内无两。前封面犹存。白棉纸蓝印。书名大字双行，左侧下“白雪斋藏板”五字，上方钤云龙朱文圆印，下侧狭长印记，文六七行，类近世板权叶。下题“白雪斋谨识”。精图出项南洲、洪国良等手，晚明板画至精之作，眩人目睛，不见最初印本，不能知此刻之妙也。书出九峰旧庐，王氏身后，朱遂翔巧取精本如干出，不以示人。庚辛之间，朱别设金笔厂，颇获利，薄旧书业而不为。孙助廉说之，尽去所藏精本，得赀以为笔厂资本。朱为所动，所藏遂埽数以出。群书堆置温知书店案头，最秘之册为杭州猫儿桥马家笺纸铺刻三十卷本《文选》之尾卷，牌记在焉。余见此书，必欲得之，以重直买归。一时豪举，哄传书林。

《罗汉十八相》一册

万历刻，大方册。棉纸精印，佚去首半叶，实存十七图。图后有大字隶书赞，半叶六行。末叶属“海阳汪圣修”。板心上篆书书名，下记叶数及刊工名。新安诸黄所制也，有黄伯符、黄应道、黄应绅、思桥四人记名。雕椠精绝，纯用白描。人物衣褶飞动，细若游丝，而劲健流走，笔法刀工，皆臻妙境。不用衬景，又别于传统之梵画。庚寅春日，朱贾惠泉见告，旧纸铺收得城内故家书一批，已打包将入还魂纸厂，余力促其检视一过，归而遗余此册及旧钞《续复古编》，有顾侠君、何梦华藏印，又奚氏铸古庵藏记。促其再往，则以纸铺惮于拆动，谢不敏矣。于是数百石书尽付劫火，此则幸而免者。万历中此种大方册板画，余尚见《东方三大》一种于济南，约数十百番。前有序、赋，所图为东海、泰山、孔丘事。又于北京碧蕖馆傅氏见春图数种，亦大册，每册十余帧。亦有赞，绘刻精绝，意境大不凡俗。忆一帧写渔家景色，月明如洗，泊舟小港间，蒹葭丛起，虽为媟图，却是绝作矣。惜华见告，此种皆出于典当巨肆，以当厌胜之具。典肆多徽商，其所储多新安名工所制，亦理之必有者。他未见更有藏弆之者。

《离骚经》四册

乙酉刻本。萧云从尺木绘图。棉纸初印精本。《九歌》《天问》图俱全，有扉叶，大字篆书“离骚”二字，左下有

“汤复上绣梓”五字。此书与陈章侯绘本《楚骚》齐名，而尤罕传。老莲只制《九歌图》，篇叶亦远逊此，萧、陈绘本风格不同，尺木之作，更繁丽细密，与所制《太平山水图画》正同。《天问图》尤富想象，曾收入《四库》，大册抚临，虽极细致，然转嫌纤弱，远逊原本之凝重也。汤氏不详何许人，当亦徽工，刀法与诸黄大异。板画甲乙之后，风气一变，多重滞而鲜飞动，其转关实在萧氏二图。然尺木之作，固无此病。所绘诸女子亦复姣好如花，有凌风飘举之致，贤不肖所去远矣。郑西谛平生求此书，只得残帙二本，已景印，然尚缺数图，而印本亦后，无此本之精也。郭石麒得之徐乃昌家，以之归余。卷前有何某垞印，又“积余秘笈识者宝之”印。

《枝山先生柔情小集》一册

明刻本。似万历以后坊刻，颇不精。都四集，题“窥帘集”“醉红集”等，次行属“异香掾吏”等，不出祝允明名。每卷皆诗词、散曲、小文杂集，皆狭邪投赠之作。有扉叶，大字双行，题“枝山先生柔情小集”八字，中间有葫芦小印，中“四全”二字，下列集名八字。姑苏估人文学山房汪某挟来见售，喜而留之。《千顷堂目》著录枝山七集，此佚其三，实不全本。文学山房最喜弄此佼侩，封面亦特刊以作伪。前曾得王路《烟花小史》八种，亦有扉叶，与此颇类。所书大字，大抵皆集明刻本字而成，而刀法则板滞，且用纸亦不类。然为所愚者多矣。曾见有明刻陈大声散曲集，郑西谛与傅惜华争购，前亦有封面大书“陈大声三种”，殆亦作伪。诸公不查，且以之入著录，亦可笑事已。允明有《祝氏集略》，间有藏者，此小集转益可珍。枝山吴人，以风流不检传于里巷之间，谱入弹词，与唐子畏同为荡子典型，由来旧矣。今观此小集，知非无因。柔情小集名颇雅饬，殆非估人所拟，疑旧有序目存此总题，已遭毁失，可憾惜耳。

《陶靖节集》二部五册

嘉靖蒋氏移斋刻本。此集十卷，翻宋本。宋讳缺笔。每卷尾有牌记，或篆或楷，卷十末有刊书题记，亦围以方匡，作牌记状。纸墨明艳，棉楮巨册。余先得一本，后更于传薪案头见残本三册，书根旧题为天一阁旧式，取对前所收本，开本之巨，纸墨之精，宛然如一。按玉简斋本《天一阁目》著录陶集多至十数，则此两书同出阁中，可无疑也。集刊于嘉靖丙午，所据似非佳本。校雠不精，时有误字。而“欣然规往”之类，亦与钱曾所云宋刻善本不合。疑蒋孝官浔阳刻此以为书帕者。

《李白诗类编》四册

嘉靖刻本。白棉纸，初印，阔大。有汪氏古香楼印记。石麒得之地摊，存七册，殆失去序论一册。余重订四册，以还汪氏旧装。余尝得明初黑口本此书于萃古斋，前亦无序论，有“楝亭曹氏藏书”印，知此类编之本，其源甚古，不始于明中叶也。此本白文，最便讽读。

《水月斋指月录》十册

万历刻本。有万历辛丑严澂刊书序。凡三十二卷。藏印有“藏书楼经籍记子孙世守”白文大方印、“智昙”白文扁方印、“钵公”朱文扁方印、“奕庆藏书”朱文方印、“法名智昙”白文方印。书根奕庆手写，每册有“杏庵”二字。此为祁五、祁六手批阅书，卷中朱墨蓝三色笔圈点批注几满。其字画圆肥而作楷者理孙笔，其墨书瘦劲行草小字则班孙书也。理孙批语中每记祁氏破家，班孙遣戍，后遁归主夫山山寺时，弟兄过往唱酬，论禅机说偈子故事，血与泪俱。卷二十五“东京天宁芙蓉道楷禅师”条上，理孙朱笔批曰：

> 读楷师章，不禁潸然泪下。忆我昼林之遭无妄，远流绝域，事虽不同，非其罪一如楷师。得法开堂后隐居之所，亦名芙蓉湖。四众问道听法，不期而至者，日益众，亦一如楷师。第法语应机，较楷师更觉隽永耳。湖四面皆水，非隔水呼舟不能渡。中唯小屋三间供佛，一亭在右，可容五六十人。故来学者多露处，晚则仍以舟渡彼岸，寄宿村民，次日又至，以为常。林自题其亭柱曰：“本是潇湘钓客，自谓羲皇上人。”盖取师子端“自西自东自南北”《渔父词》中意也。噫，其心固了彻旷达，其言则怆然可痛也。

祁氏破家以后故实，三百年来无敢记其事者。只全谢山曾撰《祁六公子墓碣》，微及其事，然不能详。此祁理孙自记阿弟事，当是最初信史，亦全、赵之所未见。又卷九“邓州丹霞天然禅师”条朱批云：

> 壬子夏在夫山，偶与昼林和尚阅《五灯》，昼公忽掩卷问曰：“丹霞烧木佛一则，阿兄作么看?”予口占一偈云：“木佛一时烧却，千秋庆快非常。管取院主须眉，莫乱时人眼光。”昼公曰：“美则美矣，忒煞明破。”予曰：“某只如是，和尚作么生看?”昼公亦口占一偈曰：“丹霞烧木佛，天阴赤脚行。院主须眉堕，生铁变黄金。”彼时互相酬唱，不以为乐，今乃不可复得矣，能不悲夫。

壬子为康熙十一年，次年而奕喜死。书前扉叶有祁晋蓝笔书《先考杏庵居士临终辞世偈》《先妣张太君悼杏庵居士偈》，末属“不孝男昌徵，法名德普，泣血谨录”。杏庵，理孙别号，室张德蕙，字楚纕；子祁晋，字（原）［元］朖，一名昌徵。此为山阴祁氏书初散时，石麒得之越中者。先送顾某处求售，阁置近月，终以价昂退还。余不论价而收之，初不知批者谁何，细读始见所记祁五、祁六故事。后更收班孙手批跋本《唐宋文抄》，始知卷中墨书出祁班孙手。读书岂易事哉。

《私史纪事》一册

稿本。题“七十岁老人范骧述”。有名印二方，一朱文方印“魏公”，是其字也。行楷殊茂美，有删易处。原题书名《史祸纪事本末》，朱笔钩乙，更定今名。南浔庄氏史狱，骧与查、陆同列名参校，后以事先检举获免，然尚起解赴京，系狱半载，而后始解。此书记前后始末甚详，为当日实录，大可珍重。书眉有宗楷批注，为陆丽京子弟，辩此书所记陆氏负心诸事，俱非实录。是狱解后，二家凶终隙末矣。诸家著录间有抄本，当皆自此稿出。文学山房估人挟来售余。

《崇祯苏松巡按察院置买役田书册》一册

崇祯刻本。此祁彪佳抚吴时所刊官书。小册，只十许叶。

《怀古堂诗选》二册

康熙刻本。十二卷。杨炤撰。炤，字明远，常熟人。父补。此集前有钱谦益、顾与治序，有顾氏秀野草堂藏书印记，又侠君名印。抚印精绝。炤诗多记事，可考见甲乙之际种种。其记杨龙友死事极详，皆他书所未及，而甚佩牧斋，颇不可解。

《鸡肋集》一册

康熙刻本。甚精。板心下有“谦牧堂”三字。长白揆叙撰。前有查慎行序。此恺功早岁诗课，慎行则曾授读于明珠邸中者。大题次行属名下更有唯实居士别号。此为潘祖荫遗书，流落琉璃厂肆，傅沅叔假归读之，卷尾有朱笔跋两行，卷中有“书潜经眼”小印。余自吴兴俞氏收得，戋戋小册，价与明刻等。余储此以俪阿兄《通志堂集》。

《竹笑轩吟草》一卷、《续集》一卷、《三集》一卷

明末至康熙中递刻本。龛山（亦）[逸]史是庵李因撰。因，葛徵奇妾，出身狭邪，初集甲申以前作，有赠同时女伴之作不少，王玉烟及女弟畹生工弈棋画兰、李澹生工诗善弈棋音律、章韵先善杂剧画兰、柳如是工诗文临池，其赠柳诗云：

> 不解长条系别离，一声折柳正相思。秋风犹恐成憔悴，好护青青似旧垂。
>
> 昼掩章台自著书，十离诗就寄双鱼。扁舟三泖烟霞迥，觅得莼芽伴索居。

辑河东君遗事者多矣，大抵记其风流放诞，及身后种种，欲求同时人倡酬投赠之作，百无一存。是庵此二诗，尚作于如是归虞山之前，堪为寄汪然明诸书注脚，大可珍重。《初集》前有吴本泰大字序，序后别记是庵于舟中遇哗卒之变，以身蔽徵奇，流矢被体事。未几国变，徵奇弃世。《二集》所收皆悼亡之作。既归海滨故第，孤贫嫠妇，以卖画为活，为世所重。黄梨洲为撰传。《三集》刊于康熙中，多题画之作，亦写清贫况味。末附诗余数叶。此集罕秘特甚，《初》

《二集》曾见有贝简香、徐子晋、赵次侯所藏一本，《三集》则惟有此耳。郭石麒收得，珍重相付，余同付装池，与顺治原刻徐夫人《拙政园诗余》并藏。赵斐云曾过斋中观书，睹此二集，以为得未曾有，欢喜赞叹，录序跋而去。

《中藏集》一册

康熙刻本。此彭鹏官三河令时所刻。其人为清初名宦，事迹流传，久在人口。演为小说戏曲，遂为家喻户晓之清官，其实清王朝极驯顺又特凶鸷之鹰犬也。有集名《古愚心言》，亦康熙刻，不分卷而分册。余亦有残卷二册。大抵以程朱道学杀人，而岸然君子其貌者。此书实分二卷，记其治迹。忆有《洵邑生祠记》等文。清初近畿民风俗尚、圈地逃人，都有所记。余曾以此小册为资粮，撰为《公案剧杂谈》。

《绝妙好词》二册

雍正精写刻本。此本差晚于武塘柯氏本，为清初第二刻，同出竹垞得遵王帐中本，雕板精绝。余旧有印印川所储一本，书品差小。后又见此于书肆架上，初印阔大，为之眼明，仍买之归。原封面犹存，题群玉书堂。上下册隶书原签亦在，皆旧本已佚者。

《庚辛之间亡友列传》一册

乾隆刻本。此章学诚撰。原刊小册。卷首大题，次行列目次，小序，即接正文，一色小字，格式甚古，刊亦精。流转绝稀。刘翰怡刻《章氏遗书》前，见者盖少。实斋文甚佳，此数传尤具性情。诸友大抵在中州时旧识，多半名姓翳如，赖此仅存。其人皆文士，各有建树，而皆贫病以殁，遗稿飘零。乾嘉盛世，文人之遇如此，可为叹息。黄仲则之能以诗名，盖幸者也。偶游湖上，于湖壖旧肆见虞山周左季藏书不少，大半新抄，只此罕传。有王宗炎印及八千卷楼丁氏印。

《冯止园忆旧游诗话》

乾隆刻本。板式疏阔可喜。止园杭人，尝漫游塞外，撰绝句若干首。每诗后详著古迹、风土、故实、物产等甚详悉，无异风土志也。忆有大青山昭君墓诸题。旧为丰华堂藏书。

《元曲选图》一册

万历臧氏雕虫馆刻《元曲选》，存原叙又精图一册。甚初印。汪估于湖州收得，以重直买之。

《书影》一巨册

自宋元以迄晚明，凡数百册，书中各取一番，成此书影，一展卷而八百年来雕椠面目毕现矣。有于京师厂肆所得内阁大库中物，有估人所赠精本散叶，有取之于丛残卷册之中者，有揭得于旧本书衣裱背中者，有得于藏书家所集者。余买书不弃丛残，往往一书缺一二册亦收之，意在书影也。庚辛之际，旧书如潮而至，佳本为书估所得，残本弃于还魂纸厂，无力多收，亦无地贮藏。无已，姑取一二叶留其面目而已。

十年以还，心力为悴。然其间颇有人间未见之书，明刻地志不见著录者亦不少。每叶自为题记，著其源流。倩故友曹有福君装池。继此所收，尚有数百叶，未及装治。其中有铜活字本，有元刻，明洪武刻，秘册不少，今亦不可问矣。

《研堂见闻杂记》一册，旧钞本。

《宧辙联句》一册，天一阁藏嘉靖刻本。

以上二种别见四卷。

一卷通三十种六十九册

癸丑立夏前三日初纂，甲寅夏至后五日重写定。

前尘梦影新录二卷

《两浙古今著述考》十五册

稿本。明山阴祁承㸁撰。澹生堂绿格纸。卷首有征书檄。全书起杭州府，讫温台处州，以绍兴一郡为最详。每卷首列目录，以时代为序，每人先列著述名目，后低一字列作者名姓仕履，偶或详著序跋，间附考证，详略不一。其但记书名者，仅据传状，若家有其书，或经目验，则加详焉。国朝以后，殿以寓贤；诸府之后，更附释道医家数卷。全书约佚去一二卷。此为祁尔光所著书，世无知者。《澹生堂全集》中有岁历数卷，辑此书始末甚详。取证此册，一一俱合。余为排比事实，写成长跋。浙人多留心乡邦文献，徐（友）［象］梅撰《两浙名贤（记）［录］》，光启堂原本，煌煌数十册，余亦有之，与此书正可相辅而行。三百年后，鲁迅有《会稽郡故书杂集》之刻，是皆浙东学术之一脉相承未替者。庚寅辛卯之间，梅市藏书初散，为杭估所得，此本在焉，欲求高价而未遑。未几合营议起，急欲售去归本，倩石麒挟来海上，以重直归余。是为余收祁氏遗藏之始。后石麒尚时时得祁氏书于湖上，余所知者有明刻乡会试录十余册。又闻石麒告余，澹生堂书尚有一箱归医学书局，靳而不出，此亦书林逸史，附识于此。

《远山堂文稚》

钞稿本。祁彪佳撰。竹纸墨格，大册。板心上有“蔗境”二字，是祁氏寓山园中一境。写手甚精，出两人手。卷中有朱笔圈点，封面有四印，文不可识，其一似“读易草堂”四字。彪佳文无刻本，道光中杜春生辑刻《遗集》，实未见此。当日必曾征采遗文于梅市，或祁氏子孙秘不肯出。余从此书得见《远山堂曲品》序例，为《曲品》原稿所不载。又得《全节记叙》等数文，皆可考见祁氏兄弟所撰传奇名目。石麒为余致佳本至多，余尝戏问之，诸书以何本最胜，答曰《远山堂文稚》也。此语最不易忘。石麒下世已十五年，每忆群书，辄忆其人，遂牵连及之。

《远山堂文稚》

旧钞本。竹纸墨格。板心左下方阑外有“起元社”三字。此亦祁氏旧藏钞本，时代晚于“蔗境”本，当在清初。较以前书，篇章不尽同，此册所存皆“蔗境”本所不收者，因知彪佳文集实无定本。

《澹生堂文集》十六册

崇祯刻本。此书绝罕传本，涉园陶氏曾藏一帙，流入市肆，傅沅叔借读一过，盛称其佳。惟以悬直高奇，力不能收，后归北京图书馆，今流出国门矣。此为山阴梅市藏书。其篇目上有朱圈者，俱已写入余所得《澹生堂诗文钞》中。《文钞》八卷，清初写本，祁氏子孙重刊尔光遗著底稿也。文集中“奴虏”字样，亦均浓墨涂乙，可知在清初文字厉禁时也。集通二十一卷，前新序二通，刊书时作。旧序多至数十，可考见尔光著述单刊种数，今已百无一存。余箧中别藏《澹生堂别集》三种：《两游苏门山记》《瑯玡过眼录》《符离弭变纪事》。郑西谛有《藏书训约》，皆此类，亦皆收入全集。其丛著之已刻而篇叶较富者，如《牧津》《宋西事案》等则不入全集。此集前□卷为诗，最后尺牍、吏牍，约四五卷，中间为杂文。其中数卷日记，有《数马岁历》《出白门历》等，皆可读，多记访书故事及各地藏书家书坊大略。曾记于杭城书肆得明刻《唐人小集》残册，凡数购而得六十家。此嘉靖刻《唐人小集六十家》后亦归余，卷前有澹翁三印。其记《两浙古今著述考》之辑亦甚详。尺牍中亦有征书之札，余得借以考得数事，皆不易忘。尔光于读书藏书外，颇留心吏治。其官河南时，弭煤徒之变，为平生得意之事，实三百年前矿工起义之佳史，最堪珍视，其事盖尤重于《织工对》也。此集中缺数卷，后乃更得一抄本于朱惠泉，黑格纸，板心上刻“澹生堂集”四字，行格全依原本，写亦工致，约光宣之际所写，因得补完。

《祁彪佳疏稿》

钞稿本。半为钞白，半为远山堂抄本绿格纸。彪佳墨笔标目于书眉。彪佳日记云，崇祯辛未七月廿九日入都，九月廿三日午后拟盐法一疏，后二日又拟臣道、和衷二疏，十月廿四日手辑所拟考选疏，计二十篇，即此册也。其目云用人、和衷、辽策、东奴、西穉、财赋、兵政、滇事、弭盗、流寇、逃兵、修省、漕运、兑粮、屯政、马政、钱法、盐法，凡十九篇。合卷首无标目一篇，恰二十篇。后更附画一、台规等三疏。壬辰九月得于郭石麒许。

《还朝疏稿》

远山堂蓝格钞本。十行廿四字。白口，单边。板心下有“远山堂抄本”五字。此祁彪佳崇祯壬午癸未还朝后所制疏稿，凡三十通。起崇祯十五年十二月初五日，陈道路艰难疏；迄崇祯十六年八月十五日，指参害民第三弊政疏。后附揭帖六通。卷中有彪佳墨笔批，又另一人于诸疏上拟定题目，并书“刻”“酌刻”“删”字样。又原疏“奴虏”字样俱已用朱笔改为“戎骑”，是易代而后、文字狱起之前拟墨板时所更定者，然终未刻也。崇祯八年四月，彪佳抱病乞归，旋即守制家居。十五年九月起补掌河南道事、福建道监察御史，降俸一级。诸疏中有参文选司郎中吴昌时三疏，最为余所留意。余尝撰《梅村鸳湖曲笺证》，得资料颇富，而于昌时擅权之状，未能详知。得此三疏，情事毕具矣。其第十四疏略云：

窃炤迩者时艰日甚，干济需人。我皇上特涣明纶，令科道官酌量才品，升授监司。仰见圣明甄植臣工，先资歇历，与以展布之地，不阻优崇之阶。澄叙流品，即所以长养人材，睿虑至深且远。臣奉谕之后，欣跃祗遵。两具堂县，自请外补。盖欲尽破内外之见，共矢效力于疆圉耳。顷闻文选司郎中吴昌时，扬言于外，谓衙门御史，顿有外转六员，内唯二员经堂官毛士龙与臣商榷谘送，其他四员，则绝不知也。部院执掌相关，凡有处分大案，皆得会同看议。未有升本衙门之御史，不关会于本衙门之堂官者。自此职掌废矣。夫衙门之执掌，乃朝廷之纪纲。职掌废则纪纲亦紊，使守法者有旷官之辱，必致旁挠者弄排陷之权，臣等虽欲不争执之不可。且国家设立六部，各有司存。而又设立言官，得以纠参六部。乃关系之重大，弊窦之滋多，莫诠司若也。今言官之升除，使台长不得操权衡，掌道不得商可否，惟听司铨者一手握定，百端把持。嗣后言官将胁息俯仰，嗫嚅趋附，惟诠司之命是听，铨司即奸弊杂出，尚谁敢言之。此它日乱政之阶也。盖昌时之为人也，反覆多态，机变无穷。以偷寒送暖之情怀，作造械推波之行径。惟是依附正人，猎有虚誉。一旦窃身要地，深恐发其隐私，以故汲汲皇皇，图钳束言官之策。初则到处招摇，云欲为内转者复功升劳升，是借皇上之爵赏，以欣动言官也。继则逢人恐喝，云必使外转者有十人八人，是又借皇上之磨砺以怵吓言官也。其意使冀内转者昵于欣动之术，使惧外转者胁于怵吓之威，便可钳口结舌，恣其惟所欲为矣。如此招权怙势，必将纳贿行私。在冢臣秉破格引用之公心，在诠司逞巧借牢笼之故智，臣甚为诠席惜之。敢因申明衙门之职掌，并以直抉昌时之肺肠。下略

崇祯十六年三月二十六日具题，四月初一日奉圣旨：已有旨了。本内招摇恐吓，果否确情，着吴昌时自行回奏。该部知道。

《参诠司把持第二疏》第十五疏：

窃惟升转科道之圣谕，臣恭捧详绎，总期乎以练达得人。此在谘核精则人材自见，位置当则激劝自明。况监司职衔已崇才，品鉴衡匪易。目前封疆破坏，讦奏纷纭，诸御史身在巡方，政绩有疵者不便升矣。见经看议，是非未定者不便升矣。方在考核与未经实授者，又不便升矣。外此而人数无多，又必核建白之贞邪，辨职业之举废，此正圣谕所谓酌量才品也。从是陆续推升，无间期限。既不骤骇听闻，便可曲加鼓舞。乃所以尽撤年例正闰等名，而消其厌薄退阻之念。堂官与臣，于此颇有苦心。冢臣复堂官手书亦未尝谓此议不善，而无如选司吴昌时之挟持甚力，挑构最巧。何也？且御史办事衙门，其建白职业，惟本衙门知之最真，故向繇开送者，其以遵法体，亦以定品评也。今有一巡未出待考，届时与虏寇交讧之处所，一概推升，不知昌时之酌量者何在。不论当否，但论多寡，殊未见诠政之有裨，而况昌时之意，

固别有所在耳。臣请再以其反覆把持者一明揭之。夫事关进退人材，定须和衷商榷。而乃阴阳闪烁，造构藏机。忽而曰吏都科吴麟徵已开送二员矣，臣衙门不可不开送凑数，乃询之吏都科，则所送原只一员，是卸其责于吏都科而挑激臣衙门也。此非反覆之一端乎？忽而又曰，旧宪臣金光宸曾开送一员矣，新宪臣不可不开送相应。及问之旧宪臣，则前此并无此事，是又卸其责于旧宪臣而挑激新宪臣也。此非反覆之又一端乎？昌时生平作用，惯在驱除。方其翻身走捷之初，欲为伐异党同之举，将言路诸臣，强半供推敲指摘，闻冢臣曾劝止而不听。及后拟升御史，竟有八员，闻冢臣不得已删去其二，此非把持之一证乎？皇上爱惜人材，无分内外，彼则曰台班之数已盈，圣意在乎甄别也。其对臣言："我初入诠部，若不做此篇文字，此后便行不将去。"是明明欲立威于言官，以逞其险心辣手。不知将来有几许倾排，几许援引。此非把持之又一证乎？明纶涣汗，实实是培植臣工，即冢臣奉行之意，亦原求斟酌详妥。不意昌时巧于借题，遂作挟制言官之计。可见宵人得志，无一念肯从公起见，无一事不挟私自营。倘昌时而以为此事是从公也，非挟私也，则先事何必用一番招摇，一番恐吓，临事何必用无限诡谲，无限诪张。臣可与之誓心沥血，共质于圣明之前者也。崇祯十六年三月二十八日具题，四月初二日奉圣旨：已有旨了，该部知道。

《参诠司紊制弄权第三疏》：

乃今文选司郎中吴昌时，巧借题目，险设机关，升转台员，不关会台长，致宪臣毛士龙具疏请斥，欲为朝廷存纪纲，欲为衙门明职掌。臣彪佳叨视首篆，谫劣自惭，当诠司播弄之初，纠参不早；迨台员暗转之际，驳正无能。是旷官废职之尤，赐斥当首自彪佳始。中略今昌时倾陷安排，将来必无所不至。闻台员升转之外，彼其无端指索，尚有多人。臣等即丹悫自矢，已俱在势临危挟之中。尚何能执简冠豸，斥佞指奸。总缘臣等谠论未舒，以致邪人肆志。皆应一体引罪，恭听处分。使臣等去而朝廷之纪纲尝明，衙门之职掌仍举，是去有余荣矣。

崇祯十六年三月二十八日具题，四月初二日奉旨曰：宪臣具疏奉旨已明，祁彪佳等不必合词陈奏，该部院知道。

《按吴政略》六册

崇祯刻本。八行十八字。白口，单阑。板心下有“远山堂藏板”五字。竹纸，原装。无序目。每册书衣存蓝纸原签，大书“按吴政略”，下小字跨边题“三十二饬上下卷，十四申一卷，十三禁一卷，九询一卷，四约一卷，六革一卷”。所涉皆晚明吴中官弊民隐，尤详于乡宦豪奴之虐民，胥吏玩法殃民，种种情状，具可于此中见之。吴郡为晚明江南重镇，天下财赋，半出于是，关系朱明王朝命脉至巨。民间痛楚既深，奴变因以蜂起，论晚明史事者注目所在，每在张李起义，东夷入侵，少瞩目吴越间事者，则此亦要籍也。余收远山堂主人著述多矣，皆钞本，只此及《小疏》三册为刻板。

《小疏》三册

崇祯刻本，与《政略》同时所刊，板式全同。为《西台疏草》二卷，《　　疏草》二卷，今佚去一册。板心上有“宜焚”二字，无序目。原装书衣有签条作“小疏”二字，皆官福建道监察御史时所为章奏。《小疏》及《政略》二书，板心下皆有刻工姓名，约二十五人，附识于此：沈成、施传、干瑞、侯仁、潘峰、王庆、施美、周亭、王慕、沈先、张德、沈实、陆仁、阮秀、王邦玉、郭承、顾衡、杨泉、马元、夏崑、顾玄、吴佛、龚文、邓瑞、龚孟。

《易测》一册

祁承㸁钞本。竹纸，绿格。板心上有“聊尔编”三字。毛订一册。与《老子全抄》同时所收，用纸、写手全同《老子全抄》。前有祁骏佳手题云：“此为先夷度府君手自点阅之书。”祁氏家世学《易》，此为家塾读本，可无疑也。小楷端丽，多别体异写，雅韵欲流，阅之令人意远。壬辰夏五，来自越中，石麒介以归余。

《唐宋八大家文钞》二十册

明刻本。祁班孙手批。原本为茅鹿门刻，已拆散重订。

有印记曰“道僧”，曰“五云头陀”，曰“班孙印”，曰“班孙”，曰“奕喜印”。朱墨笔圈点，每文后有墨笔批语，间附记事。题属作“剩国子”“剩国主人”“喜道人”。所跋多有议论。“欧文”《集古录自序》后题：

予家自夷度公至于先忠敏，虽不能如欧阳公、王廷尉，然亦不为之下。阅聚而必散之语，使人惕然。祖父所遗而失之于子若孙，可不惧哉。至于兵火所加，亦将尽心于是。力竭而不足，则天之命乎？

“欧文”《答陕西安抚使范龙图辞辟命书》后题：

一味慷慨孤愤，真是范公幕下士。欧公以四六得进士及第，后即不屑为之。今人以时文得进士，则恋恋不舍，犹如贫儿得食，以为至宝，而不知世间止有一种大受用处也。况宋欧公犹是学时之际，今日处变革之时，已有欲翻然改图者，而反以言语惑之，真是道学中一罪人矣。余初颇有志作戒制举文说，奈卑不可以敌尊，贱不可以语贵，奈何，奈何。且今之虏秀才必非不能时文者为之，使世间人尽不学时文，则虏庭无一文士，亦可为先朝争气。是当劝止之不暇，而反惑动者，何也。不作时文，是其志必不欲为秀才矣。此亦一明睹也。

“韩文”卷十有自记云：

> 夏孟尽阅于平原楼，仲初因乱至梅市。“竹光楼转月来初，弃印虞卿漫著书。潦倒原因胡市异，复堪白马遍闲居。”无空子记四月晦日事。

班孙读此当在甲申以后，辛丑以前，正家居结客时也。观其痛心时艺，疾首虏庭，激楚心情，隐然纸上。当时志事，可以知矣。题属“剩国”，是俨然以梅市一隅为亡秦复楚之地，商夫人景兰集中有《坐剩国咏菊》诗，又《初春剩国忆子》词，皆直记其地。当日班孙读书之地，必直揭此榜名也。壬癸之间，余得山阴祁氏书，多由石麒所介，唯此书及祁尔光手批《通鉴前编》，又冠山堂刻《吴越诗选》等,则得之古玩市场。又曾于建德周氏许见明人题承爕集卷子数卷，皆金笺写本，光采照人。闻得之于西文旧书店，知祁氏所藏流入沪市，非仅出谢某一人所售矣。

《吴越诗选》五册

清初刻本。失去第一册，存毛订五册。板心下有“冠山堂”三字，亦山阴祁氏遗书，与前书同收得于古董铺中。此为魏耕、朱士稚、钱缵曾所选，三人皆山阴祁氏所结客，同谋故国兴复之业，同遇惨祸。此选当刊于越中，冠山堂疑亦寓山一境。传本绝稀。祁氏难作，书板恐即化作柴薪矣。所选多吴越间遗民之作，诗后多附评语，纪事往往存史实，可资考索。吴梅村作有不见于《家藏稿》者，钱牧斋诗另入《艳体》一卷，皆与柳如是倡酬及婚后纪事之作。卷后有《闺媛》一卷，所收自商夫人景兰以下，祁德琼、张德蕙、朱德蓉等，一门风雅，咸得采录。存诗人数百人，遗集百无一存，赖此存其鳞爪。后见《西谛书目》中有此书全本，倩三弟为抄得前序三通又凡例来，未及补入而三弟死。今此残本五册，亦付劫火，呜乎痛哉。

《崇祯戊辰浙江恩贡齿录》一册

崇祯刻本。开本甚狭，刊亦草草。纸用棉料而黑，亦非通常棉楮。首列崇祯元年戊辰七月上浣之吉赐进士第浙江布政使司右参政兼按察司佥事奉敕督学政前奉政大夫兵部武选清吏司郎中建安江士英序；次目录，凡中八十七名；次履历，人各半叶。祁骏佳中第六名，依式录之：

> 祁骏佳字季超，号渥水，甲辰年九月十八日生，绍兴府学生，山阴县匠籍，习《易经》
>
> 曾祖清丁未进士，陕西布政，崇祀名宦、乡贤
>
> 祖汝森累赠中宪大夫、河南按察司副使
>
> 父承㸁甲辰进士，见任兵巡宁太，江西按察司按察使
>
> 母王氏累封淑人
>
> 叔父承勋选贡，见任陕西布政司都事
>
> 具庆下
>
> 兄麟佳廪监、凤佳恩贡

弟豸佳丁卯经魁、彪佳壬戌进士，见任福建兴化府推官、熊佳庠生象佳

聘吴氏，娶朱氏

子方孙，侄鸿孙庠生、同孙、兴孙

中第六名，住梅市

壬辰夏日，郭石麒于山阴梅市得祁氏遗书，甚多佳册，来以归余。中有明刻乡会试录十许册，皆他售，以可得善价也。独留此册售余，意滋可感。承爜逝于戊辰冬十一月，刊此书时尚存。彪佳则早成进士。骏佳后佞佛，澹生藏书，多弃之沙门，余尚得稿本《禅悦内外合集》残册，亦骏佳撰，皆语录序跋之类。又有《遁翁笔记》一种，赵抝叔刊之丛书中，或亦偶得原稿也。其题《老子全抄》前在辛亥，是为康熙十年，年已七十八，不知卒于何年，于群从中特老寿。此册封面有祁氏后人手题："十世伯祖考季超府君于是科被选，二十世裔孙元谨注。"书根数字绝古雅，或出骏佳手写。

《国史纪闻》六册

天启刻本。沁水张［铨］撰。起洪武开国，讫嘉靖丙寅。大字著史事纲目，小字双行详记始末。体例甚善，亦明人私史名作。石麒得之越中，以之归余。通体蓝笔点阅，有明人白文方印，忆是"越溪渔隐"四字，疑亦彪佳奉讳家居时所读书。前序失去二番，后游吴下，于文学山房睹残本数册，因乞得，前序得以补完。

《嘉靖大政类编》二册

万历刻本。九行十九字。白口，左右双边。大题次行云“西吴茅元仪止生甫校”。前有清源山人黄凤翔自序，后有自跋，失其末叶。扉叶棉纸大书书名两行，中间“曼山馆藏板”五字，上钤朱印，正书三行，其文曰：“此系茅衙藏板，今在曼山馆发行，如有翻刻，千里必治。”序后有目，上下卷通十九章，曰《大礼》《四郊》《庄肃谥议》《章圣南祔》《二后丧祔》《册立分封》《宸章召对》《京营》《河道》《阉宦》《大狱》《张延陵狱》《甘州兵变》《大同兵变》《大同再变》《辽东兵变》《南京兵变》《北虏》《南倭》。凤翔曾在史局，多见官书，此编始事于癸巳秋，脱稿于丁酉春。茅止生为刊之。《北虏》一章凡四十六番。禁毁之余，稀若星凤。壬辰秋日，石麒以之见售，同得者尚有天一阁藏嘉靖本《光山县志》。

《嘉靖以来注略》七册

崇祯刻本。许重熙撰。前有董其昌序。寓山藏书。祁理孙朱笔批点，前序下墨笔题二行云：“藏书楼午后课，乙未四月二十日开卷，布衣臣祁李孙记。”下钤“臣李”朱文连珠印。卷尾题：“乙未六月十七日臣祁李孙恭阅竟。”乙未为顺治十二年，不奉新朝正朔，曰布衣臣，皆遗民心事也。此书别题《五朝注略》，起嘉靖，讫天启，当时之近代史，承爜、彪佳即此一时代中人。乙未在辛丑狱起之前六年，正祁氏兄弟以故国乔木自任，倾家结客，思有以兴复故国之时。李孙际此而读此书，其意可知。书根题字亦出李孙手。卷中藏印曰“藏书楼”白文大方印、“奕庆”朱文方印、“祁印李孙”白文方印、“阿李”朱文腰圆印、“读书处”朱文大方印、“木子”朱文方印、“木道人”白文方印、“祁奕庆图书印”朱文长印、“烂柯山房”白文方印。郭石麒得自山阴，以之归余。

《绍兴十八年同年小录》

明初刻。白口。字体劲挺疏朗，与徐乃昌所翻行之别一明初刻不同。封面旧题“宋刻”，有黄椒升醉经楼藏印。士礼居题跋中云曾见一本，有黄锡蕃印记，当即此册。板心下有刊工姓名，凡五人：许恩、芮山、王异、吴良、顾相。

《素园石谱》四册

万历刻。厚白棉纸最初印本，刊于松江，非出徽工，与新安雕板大异。无纤丽之趣，而特多凝重。刀法精妙，于石之锋棱转侧，皆能传于刃端。刚劲遒丽，兼而有之。更兼初印，墨彩烂然，一种蓊蓊郁郁之气，溢于楮墨。石麒得于茸城，有华亭钱氏印，亦故相家也。见于来青阁案头，盖方自姑苏装池后寄归，即买得之。世有石印之册，神气索然，不足观矣。

《利器解》一册

万历刻本，棉纸大方册。写刻。九行十八字。白口，单边。板心上记书名，下记叶数及刊工姓名。前有万历壬寅泰和郭子章序，万历庚子陕西西安前卫指挥佥事温编刻书引。全书先图后说，所记通十六事，威远炮、地雷连炮、合打、迅雷炮、剑枪、铳棍、火枪、五雷神机、三捷神机、万胜佛狼机、钻架、地涌神枪、挝足杀马风镰、神臂床子连城弩、药瓶药囊弹模、噜蜜鸟铳也。其后为总解一章，所论者布阵、教演、束伍、制炮、提硝、提磺、造火药方、铅弹、放炮、制火线药扁线诸法。末附军中救急各方，凡八事。郭序论明万历中火器云：

> 今天下语战胜利械，必曰火器。大都不出佛郎机、鸟嘴铳二者，而神变化之。顾此二器，国初未有也。嘉靖间一来自佛郎，一来自倭。

明人所谓火器，似只谓火枪，而炮不与焉。其何时何处传入中国，记录阙然。此序所言，当时之通论也。子章尝奉命入黔，镇压少数族起义，所携亦倭铳。其序又曰：

> 予从里中受讨播命，俶装七日，行橐中止携有闽人所赠倭铳、九龙等铳数十门。入黔，自督匠造于署之东园，而未有佳匠。又其制不甚猛烈，大中丞三原温公自长安函《利器解》见示，乃其季将军编所梓者。

于此知书为温编所编，刻于西安，又二年始增郭序也。编刻书引云：

> 编少从伯氏学书，已愤虏骄，倭阑入属国，又有感于唐人“宁为百夫长，胜作一书生”之句，学剑谒司马门改武。而先是闻伯氏与材官赵世登、朱腾擢谈火器，而心识之。其后伯氏屡荐世登未试，晚乃荐腾擢上谷抚台王公所，始深信，以书往返参润，立令制验与其药，果精利。连炮广里，远倍之，或五之。威远炮小者远五之或十之，大者又十之。其佐亦精而便，盖自战国田单、武侯火攻以来，此其尤烈者也。时上谷业屹然有金汤焉，即以作行间嚆矢可也。然非曰毒之，实以爱之。语不云乎，火烈而人畏之，故得免焉。武又不欲止戈乎，诚使我免于敌，而敌不敢肆，以免于毒，是我以威而爱也，是敌以毒而生也。矧一可当百，安事益卒，卒尽可练，安事益戍，戍不加益，安事益饷。是令食与兵两足，卒与民两利也。不然，敌玩矣，毒无有已时，安在其能止戈。惟上下中外不忘外宁内忧之惧，则此器也将千万世赖之。

此引颇存明代火器史料。连炮与威远炮首著于此编，当皆材官朱君之法。所论器利则可以畏敌而弭兵，亦相反而相承之理，可云有识。其文则颇类钟、谭，亦当时风气也。此册所记，多从经验中来，博采众长，改其旧制，有关火器入中国史者殊巨。万历中中国冶铁治器技法，多可于此中见之。如所记噜蜜鸟铳为图凡七：全形、床、筒、底、前口、火门、机，各为详说。后更识云：

> 鸟铳惟噜蜜最远最毒，又机昂起。倭铳机虽伏铳旁，又在床外，不便收拾。今加损益，置机床内，拨之则前，火然自回。如遇阴雨，同铜片作瓦覆之。此中书赵士祯得之朵恩麻而润色之者。

此言铳制传自朵恩麻，当是明代来华教士之俦。于所传之法，更加斟酌损益，不泥洋法，尤可贵也。近见英人李约瑟字丹耀号十宿道人曾撰《中国科学技术史》五卷，论火器发展，所据者曾公亮《武经总要》与茅元仪《武备志》耳，实未能多见旧史。余箧中别有钱半村《城守筹略》，刊于崇祯甲申，其论火器云：炼造大小铳火药法，曰大铳药方、鸟铳药方、火门药方，曰铳说、铅子、弹模、滚槽，曰西铳制胜、噜蜜铳、噜蜜铳全形、小佛狼机，曰火箭论、火箭制、火箭图、火箭方，曰一窝蜂、喷筒、火枪、燕尾炬。其炮类有西瓜炮、自犯炮、炸炮、万弹地雷炮等，殆皆地雷之属。又有木炮、竹将军石炮，则仍旧制，非金属制炮。钱书去《利器解》四十四年，当时火器之制，几无变易。李约瑟论铜炮铁炮之制始于中国，最早者元末所制。《利器解》言制炮之法甚详，其言曰：

> 须用闽铁，晋铁次之。炼铁炭火为上，煤次之。铁在炉用稻草戳细，杂黄土，频洒火中，令铁屎自出。炼至五六火，用黄土和作浆，入稻草，浸一二宿，将铁放

> 在浆内，半日取出，再炼。须炼至十火外，生铁五七斤炼至斤方熟。入炉时仍用黄土封合，一以防灰尘，一以取土能生金，不致炼枯铁之精气。制炮不离炉方成一片。如威远炮将铁分作八块，打如瓦样，长一尺四寸，阔一尺一寸，中厚边薄。将瓦四块用胎竿打成一筒，八块共成二筒，凑齐，用铁钉数个，将二筒接作一处，再用前余铁三十斤分作二块，亦打如瓦，围于炮腹，中装药发火处加厚，合缝时稍有灰渣，日后必至损伤。须剉磨极净，成筒孔欲小，止容钻磨之沙。炮既成，然后上架，用墨线吊准，不失分厘。用钢钻洗塘，可光可圆。药去即到，看过极净，方可安底。火门近底，点放不致倒坐。照门及护门俱就炮本身剉成，务令坚致。各炮大约仿此。

中国古代冶金工艺纪录，恐无更详密于此者矣。此本诸家藏目俱未见，只《千顷堂》载之。卷前有“小李山房图籍”白文方印。

《西厢记》五本四册

明凌刻朱墨套印本。白棉纸精印，附图甚精。明刻朱墨本曲子今所知者凡六七种，图绘自成一格，与他徽派之制，风致判然。大抵精整绵丽，而无纤秾之失，尚存古趣。尤妙者《长亭送别》一幅，落叶纷然，以细点出之。胆大而新异，未见他本有此。《草桥惊梦》，崔氏渡水而至，如洛川妃，意境亦殊超特。《西厢》一记，明刻至多，图绘亦精彩纷呈，此本可为翘楚。卷前有上海徐氏蕉砚斋藏印。吴下估人吴瀚一日凌晨自吴门来，叩门见示。余时尚卧，急肃入观书，为之眼明。时方有著书一种新刊，板税初来，倾囊付之。吴瀚后更数以明刻板画书售余，皆来自洞庭山中者。

《人镜阳秋》二十册

万历刻，最初印本。此为明刻板画著名之书，图绘凡数百帧。环翠堂所刊书尚有《坐隐棋谱》等，风格全同。然人物皆长身玉立，面目佼好，即老媪亦无殊少艾。篇叶既富，转觉单一，是其失也。书出洞庭山，吴瀚先得半部，以之售余。未几更以余卷至，仍缺一二卷，无从配补矣。

《修真秘要》《前后卫生歌》《加减十三方》合一册

嘉靖赵府味经堂刻本。薄皮纸。书前有于省吾、徐乃昌藏印。偶见之温知案头，因携之归。赵府于嘉靖一朝刊书最多，传世多崔氏《洹词》等，所刻医家小册则少有知者。余箧中有奇书数种，皆可遇而不可求之物。《修真秘要》一种，上图下文，图绘拙如画沙，皆运动身体图式。下附说解，有如歌诀。道家运气之术，为后来八段锦之先河。盛于河北诸郡，是宋金易代之际全真道派之余绪也。《卫生歌》两种，四周三阑，共四叶。《十三方》一种，板心下缀“味经堂”三小字。

《谈野翁试验小方》一册

嘉靖赵府味经堂刻本。巾箱小册。四周阔阑，阴文大凤花边，板式奇古。前佚数番，后有子某跋。只千顷黄氏目中有之。戊子九秋偕叶圣陶、郑西谛、吴春晗三先生游吴下，酒后访书玄妙观中，李德元出此见示。昏灯下见之惊喜，遂收得。

癸丑端阳前一日，坐雨纂此卷竟。

甲寅端阳前一日重定。通二十二种一百又十八册。

乙未冬日，文学山房估人以严豹人《续词苑丛谈》稿本来，重装藏之。卷尾有空白纸数十番，今以之写此，亦百五十年前物矣。

写此卷讫，更于《琉璃厂小志》见转录沅叔跋《澹生堂文集》文，所记颇详，足补回忆所缺，因补记数事。著录藏书，乃展转求之稗贩，可慨也已。

《澹生堂全集》二十一卷

崇祯刻本。前有陈继儒、范允临序，又万历丙午宣城梅鼎祚、丁未华亭张鼐、戊申楚黄张涛、吴人冯时可、梁溪邹迪光、四明范汝梓、长洲姚希孟、武陵杨嗣昌、天启丙寅祥符张元佐、淇园孙徵兰、唐焕旧序。卷一之六诗，卷七八序，卷九跋、引、题、书后，卷十奏疏、议、策问，卷十一至十三记，卷十四读书志，卷十五传、志、铭、墓表、行实、诔、赞、祝文，卷十六杂著，卷十七八尺牍，卷十九之二十一吏牍。其卷十一为《密园前后记》，卷十二有《数马记》《出白门历》《江行历》《归航录》《戊午历》《己未历》，皆南北行途日记。中述吴门、甬东、剡中、钱塘访书之事甚悉。《戊午历》中言辑《两浙著作考》，半载而成。此帙旧为涉园陶氏所藏，顷与他书同斥去，流入文友堂书坊。

又曾于直隶书局书目中亦见此书，标价二千元，不知与此帙是一是二也。甲寅端阳灯下更记。

此第三卷原已写竟，以佳笔垂尽，草草不泱意也。余本不能书，但喜阅名家卷册，不论家数，每有会心，不事临摹，背书辄似。向日于故书册尾书头所写题记，人有谓似倪迂者，实仿鲍廷博书也，然亦不过偶师其意而已。近理故箧，得二十年前所得狼毫数十管，半是退笔，有李福寿所制兰竹笔，锋长逾寸，珍惜不敢用，辄以临池作字，乃颇似褚河南《枯树赋》，亦一奇也。因思用笔于书法大有关系，此日日本人书犹近唐贤，其制笔之法尚是唐法之遗，乃是主因。山谷老人云以三钱鸡毛笔作书，是不得已为之者。言善书者不择笔，英雄欺人之语耳。此日佳笔已难再得，而尤难者佳纸。向日写此录所用别下斋纸已尽，尚余此种旧棉楮数百枚。乙未收得成化蜀藩刻本《静修先生集》，重装时撤去衬纸，皆阔大棉纸，旧装当在康乾之际。清初已少棉纸，其最精者曰桃花笺，亦用棉料，而细白乃越明人所制，此种似之。于纸角见有朱红双套边长方小印，文双行，曰“泾川吴纯一上料净棉加工”，亦二百年前物矣，绝无簾纹。用以写为此录，亦豪侈甚矣。一册既毕，漫书首简，并附目次于下。甲寅五月廿七日下午。

《六朝声偶集》七卷嘉靖长水书院刻

《续皇王大纪》存六册明人钞本

《冷鸥堂集》康熙刻

《段氏二妙集》八卷旧钞　八卷　李南涧跋

《演山先生文集》六十卷文瑞楼钞宋本　宋宾王校

《瑯嬛文集》张岱　稿本　八千卷楼藏书

《史阙》六帙张岱　稿本

《西湖梦寻》五卷张岱　康熙丁酉凤嬉堂刻

《梦忆》八卷张岱　道光王见大刻

《悟秋草堂诗集》四卷顾杲　崇祯刻

《唐秘书省正字先辈徐公钓矶文集》十卷也是园钞本　汪士钟藏　钱竹汀跋

《刻中唐十二家诗》存五家万历朱之（藩）［蕃］刻　山阴祁氏藏书

《客座赘语》存卷一之四万历刻

《潜夫论》存五卷元刻本　焦循藏

《咏怀堂诗集》四卷、《续集》二卷阮大铖　崇祯刻

《咏怀堂戊寅诗》二卷崇祯刻　八千卷楼藏

《逸语》十卷曹庭栋辑注　乾隆刻

《读书堂诗集》汪景祺　稿本

《两山墨谈》　卷嘉靖刻

《银藤花馆词》四卷戴延介　嘉庆绿华楼刻　有“玉绳长物”印

《无闷堂集》三十卷张远　康熙刻

《燕在阁唐绝句选》十卷王棠　康熙刻

《书馆闲吟》十卷顾嗣立　康熙刻

《闾丘诗集》十卷顾嗣立　康熙刻

《广川画跋》存卷一之二嘉靖刻，冯梦祯藏

《三辅黄图》六卷嘉靖刻

《梦粱录》二十卷景宋旧钞

《剧谈录》二卷存卷下嘉靖刻　卢文弨校跋　劳季言校

《剧谈录》二卷旧钞　刘履芬藏

《寇忠愍诗集》旧钞　顾肇声藏

《憺园集》三十六卷康熙刻　残

《通志堂集》二十卷康熙刻

《桃花里集》四卷天启刻　祁晋藏

《集古印谱》　　卷乾隆钤朱本

《飞鸿堂印人传》八卷乾隆刻　缺

《水曹清暇录》十六卷乾隆刻

《焠掌录》二卷乾隆刻

《东林十八高贤传》一卷万历刻

《孤树裒谈》五卷嘉靖刻　缺

《诗翼》　卷嘉靖刻

《太微后集》一册嘉靖刻

《黄四如文稿》　卷嘉靖刻　缺　徐兴公跋

《楚辞》五卷崇祯来钦之刻陈章侯绘本　蔡陆士藏

《楚辞集注》元刻本　缺

《楚辞集注》三册万历刻　山阴祁氏东书堂藏

《南斋诗集》丘象升　康熙刻

《述本堂诗集》二卷、《龙沙纪略》一卷乾隆刻　刘位坦藏

《佳山堂初集》十卷、《二集》八卷冯溥　康熙刻

《桐野诗集》四卷周起渭　康熙刻

《瀛山笔记》二卷黄士埙　乾隆乙酉绣雪堂刻

《含翠轩诗钞》七卷陈叶筠　康熙孝慈堂刻

《思适斋集》十八卷道光己酉上海徐氏刻　周氏瑞瓜堂藏

《壬午平海图》崇祯刻

《张小山小令》存下卷嘉靖李开先刻　密韵楼藏

《盂兰梦传奇》一卷、《珊影杂识》一卷严保庸　道光刻

《唐黄御史集》存卷一之六崇祯十一年刻　朱竹垞　马玉堂藏

《欧阳四门集》八卷万历刻　缺　何焯、严长明藏

《世说新语》三卷嘉靖吴郡袁氏嘉趣堂宋板重雕　退一居藏

《后汉书》一百二十卷嘉靖汪文盛刻　旧山楼藏

《佳趣堂书目》旧钞

《知圣道斋读书跋》知不足斋钞本　鲍以文藏印

《裘杼楼书目》旧钞

《李翰林诗集》十卷嘉靖己酉白谷山房刻　缺

《江村简寄》四卷崇祯汲古阁刻　缺

《雨泉龛合刻》季娴　顺治刻

《余园诗钞》六卷缪沅　乾隆葆素堂刻

《在亭丛稿》十二卷、《咏归亭诗》八卷李果　乾隆刻

《宋史岳飞传》一卷、《岳忠武王庙名贤诗》一卷元刻本　小山堂、安乐堂、鲍以文藏

《白下集》罗聘　稿本

《通典》二百卷明钞　缺

《集千家注批点杜工部诗集》二十卷明初刻　徐渭仁藏

《杜律单注》五册嘉靖景姚堂刻　王阮亭藏

《杜诗》八卷嘉靖净芳亭刻　张敦仁藏

《杜律赵注》二卷嘉靖刻

《李杜律诗》嘉靖刻

《杜律虞注》清初刻　陆蕡香藏

《谰言长语》正德刻

《晁具茨诗集》嘉靖三十三年晁瑮宝文堂重刊宋庆元五年黄汝嘉江西诗派本　宋兰挥藏

《初唐诗》三卷嘉靖刻　缺

《稼轩长短句》　卷嘉靖济南刻　缺　海日楼藏

《笠泽丛书》雍正顾楗碧筠草堂刻

《缙云先生文集》四卷秋声馆钞　振绮堂藏

《解颐新语》八卷嘉靖刻　皇甫汸

《西溪丛语》二卷嘉靖鹈鸣馆刻

《西溪丛语》二卷嘉靖鹈鸣馆刻　缺　天一阁藏

《晒园杂录》旧钞　包子庄藏

《倘湖樵书》　卷清初刻

《汪氏说铃》雍正鲍鈖刻

《甲申三月纪事》一卷邵渊耀钞本

《约言》　卷嘉靖刻　天一阁藏

《皇明鸿猷录》十六卷嘉靖刻　缺

《夏小正》乾隆养素堂刻　陈仲鱼藏

《禄嗣奇谈》嘉靖刻　天一阁藏

《鹤林玉露》十八卷嘉靖刻小字本

《广舆图》存卷二嘉靖刻

《金粟逸人逸事》一卷乾隆刻

《于东集》沈廷芳　乾隆刻

《杨升庵诗》五卷嘉靖刻　缺　天一阁藏

《七颂堂识小录》旧钞　翁方纲批

《讬素斋诗集》四卷、《文集》六卷黎士弘康熙刻　法时帆藏

《孙沚亭全书》孙廷铨　清初刻

《瓜庐诗》旧钞　小重山馆藏

《砚林诗集》四卷丁敬　嘉庆刻

《琴楼遗稿》张槎云　旧钞　抱经楼藏

《近体乐府》三卷天顺刻《欧阳文忠公集》本

《补汉兵志》乾隆般阳书院刻

《补汉兵志正讹》一卷王元启　乾隆刻

《三冈识略》存卷三之五黑格旧钞

《三冈识略》存卷八之十旧钞

前尘梦影新录三卷

《六朝声偶集》七卷

嘉靖刻。棉纸最初印本。墨光如漆，光彩照人。每叶左上方阑外有书耳，题“华亭徐氏文房”六字。每卷尾有长水书院校刻牌记。卷中有明人朱笔批点，极绚烂。卷端明人藏书朱记累累，惟其中有三数印覆以浓朱，不知谁何。戊子得于徐绍樵肆，估人亦不欲告其所自来也。此虽明刻，而甚罕，黄荛翁所收为残卷，珍重跋而藏之。斟采甚当，六朝名制，俱在卷中。集为华亭徐献忠辑。尚有《乐府原》，亦嘉靖刻，余亦有之，此选系继之而作者。献忠有《长谷集》十五卷，未见。

《续皇王大纪》

明人竹纸钞白，存六册。得之汉学书店。此余初识石麒时所得。书店时已衰竭，将闭歇，无新收之书，所积残册尚不少。余检得此书及残宋刻《皇朝文鉴》等书，闻是沈氏海日楼物。此书世无著录，疑是明人续仿胡氏《皇王大纪》所纂。卷中有明人朱笔批语，有“近日邹、滕妖贼之乱，东抚赵彦”语，又“近时三案，何以异是”语，则其人必启祯时人。以所存卷叶计之，当存全书十之三，原书或为二十卷。

《冷鸥堂集》

康熙刻。九行十八字。白口，单边。板心上题书名，下跨边题“莼客”二字，卷首大题及次行题：

莼客戊申至辛亥

闽漳浦赵炎二火著一名潜

卷前有康熙庚戌中秋前二日同里年家眷弟傅为霖序，次莼客评语，凡吴梅村、沈雪峰、董榕庵、田髴渊、董且庵、傅石漪、周釜山、张砚铭、张带三、张豫章、吴六益、周鹰垂、王季友等凡十三人。卷中诗后亦每附评语，多卢文子、宋荔裳、董苍水等作。炎，一字双白，闽人。丁未秋携家云间，遂与其地名士相习。尝选《莼阁诗藏》五七言古律凡十七卷，有康熙刻。此集颇罕，辛卯岁石麒得于云间故家，珍重相付。后二年更收旧抄莼客癸酉岁日记一册，题“六十二叟漳浦赵炎莼客随笔”。每卷前有半林卢元昌评点一行，是为康熙三十二年，在此刻二十三年后。抄本亦出云间，狭行小册，中录诗不少，知其人晚岁行藏，不出云间一隅也。

《段氏二妙集》八卷

旧抄本。九行廿一字。前有临川吴澂序，次虞集撰《河东段氏世德碑铭》。卷首大题，次行题“遁庵先生”，第八卷题“菊轩先生”。卷尾有跋，题“成化辛丑仲秋上旬中州贾定志于郡之乐只堂。”跋云：

> 定来守绛，间以公至稷山，得是集，读而爱之。顾其旧刻遗失过半，亟访诸邑人宁藩参并先生之孙之佐乡校者，得所抄录二本，即与质订其讹，补其阙，完璧以传。工讫，用纪岁月。

知此钞从成化本出。通体有蒋西圃手校，卷尾朱笔一行云：

> 雍正戊申秋八月，自新甫归里校对。西圃老人

蒋氏校似但以意改，非必曾见旧本也。卷尾有李文藻墨笔跋二行：

> 乾隆己丑六月，李文藻购于琉璃厂。是时得宋元人集二十余种，此其一也。下钤“李氏家藏”白文小印

南涧于乾隆己丑五月廿三日谒选至京，撰《琉璃厂书肆记》，略云：

又西而南转沙土园北口，路西有文粹堂金氏肆，贾谢姓，苏州人，颇深于书。予所购钞本如《宋通鉴长编纪事本末》《芦浦笔记》《麈史》《寓简》《乾坤清气》《滏水集》《吕敬夫诗集》《段氏二妙集》《礼学汇编》《建炎复辟记》《贡南湖集》《月屋漫稿》《王光庵集》、焦氏《经籍志》之属，刻本如《长安志》《鸡肋集》《胡云峰集》《黄稼翁集》《江湖长翁集》《唐眉山集》之属，皆于此肆。

南涧此记为琉璃厂一大故实，亦藏书家所珍重者。诸书今多不存，天壤间尚有此本得以证定，真堪珍重。南涧后以此本赠钱辛楣，道光中钱氏书散，归胡子莹，卷前有子莹手跋云：

今春从间壁潜研堂钱氏购获朱泽民先生《存复斋文集》、邵复孺先生《野处集》、刘种春先生《方是闲稿》、杨文举先生《佩玉斋类稿》，及此《二妙集》，为河东段遁庵先生与其季菊轩先生合著。凡数书胥未觏梓本，其间或未刻、或刻而毁、或毁而刻而复毁，时代辽远，意显毁之后所历多矣。流传归余，异日萃而付梓，余之志即诸先生之志也。《佩玉斋类稿》及是集并为李南涧文藻所藏。南涧，辛楣文弟子，意其时执贽时持赠者。道光十一年辛卯，子莹胡瀓记于裘杼居。下钤“子莹”白文套边方印原封面亦胡子莹题签，后更加封面，则赵次侯家装潢。卷前有“西圃蒋氏手校钞本”朱文长印、“非昔过眼”白文方印、“旧山楼”朱文长印。先是，余从吴兴俞氏得旧本不少，俞后更持书三册来，云其友人初照楼中所藏。一铜活字本《唐人小集》；一澹生堂钞本《对床夜语》，有旷翁手跋，为张氏涉园、八千卷楼递藏之本；一即此书。索直奇昂，余仅得此种。南涧为余乡人，因不欲失之也。

《演山先生文集》六十卷

文瑞楼钞本。竹纸，黑格。写手极精。从宋板钞出，卷尾有宋刻雕镌职官衔名十数行。卷中朱笔细字校迹，審出宋宾王手。原订五厚册，新若未尝触手。卷前有醴陵文氏藏印、王绶珊藏印。王氏身后，朱遂翔巧取以归之物。庚辛之间，抱经堂门市尚在，惟已不做故书生理，别设笔厂，获利颇丰。朱遂翔痴肥，坐高台，偶有买书之人，必以恶言相加，似不屑更与穷酸交接者，以是门可罗雀。虽陈书满架，而无一佳书，标价较他肆倍昂。余不识其人，亦从未买书于其肆也。一日发兴步入，阅架上书无当意者。偶见万历写刻本粤人小集四册，颇稀见，纸墨俱劣，买之。朱于高台上步下，询余：“君粤人耶，得此何为?”遂与接谈。时余方得浮溪王氏书于孙助廉，出重直，一时以为豪客，朱亦知之。遂肃余登楼，出藏书数种见示，此本在焉。索直奇昂，未能谐价。余归而告之助廉，代余往商，坚不肯减。盖知余与演山姓氏偶同，遂必以此为要索之具，终以巨直得此书及玉雨堂藏旧钞《丁鹤年诗》、康熙刻《今词苑》以归。助廉更说其尽去精本，益其笔厂之资本，于是两箱善本尽陈于温知案上矣。北宋三十卷本《文选》之有猫儿桥牌记者，即其中之一也。余亦得《吴骚合编》、明钞《琴史》《曹子玉十集》等。时浮溪王氏、梁溪孙氏之书相继而出，余皆得其菁英。一月之中得善本至四五十种，心力交瘁。举债收书，真少年得意之事。曾欲治一印曰“小燕吴痴”，以识一时意兴，后未果。附记于此。

《瑯嬛文集》

稿本。竹纸，黑格。行草书，改字甚多。不分卷，以诗体各为起讫，每种各起大题。属“古剑陶庵张岱”。起古乐府，讫五言律，实五卷，似未完。钱塘丁氏藏书，有“曾在八千卷楼”白文大方印，尚是丁氏原装，封面题书名又国朝字样，钤丁氏双行楷书小朱记。卷前更有“翁同龢观”朱文小印。此八千卷楼书由端午桥买归江宁，未入盋山之物。殆抽出其小品菁英，以赂当朝权相者。余前所见此种不少，多有翁相此印。此册亦出虞山，郭石麒以之归余，同来者尚有绿格旧抄顾云美《塔影园集》三册。此为宗子手稿。光绪中曾有文集刻本，只文无诗，惟存乐府一卷，即此卷前所收。卷中有圈点，又有删字批语，当是拟付刻前重写清稿时所作。鲁迅尝撰文斥刘某标点宗子此集，不识句读。今检此稿，固有圈点，阅之莞尔。余曾撰长跋记之。排比撰作年代，曾草一目。今书已不存，而草目尚在，亦一大掌固也。因迻录之：

古乐府

《荆轲匕》《渐离筑》《博浪椎》《伍孚刃》《赤壁火》《司农笏》《施全剑》《唐琦石》《景清刺》《天一研》

四言古

《快园十章》己丑、《述史十四章》《琴亡十章》《戒杀诗》三首、《礼宗十章》

五言古

《瑞草溪亭》《避兵越王峥留谢远明上人》《素瓷传静夜》《枫落吴江冷》《竹月》《节妇篇为徐太君赋》《和贫士》丙戌、《九月九日避兵西白山中》丙戌、《七章》《和述酒》《和有会而作》《和挽歌词》三章、《孝陵磨剑歌》丁亥七月十六日项里纪梦、《前山政可喜》《江上数峰青》《和祁世培绝命词》注删字、《观山民唐伯虎观梅图卷》《龚春壶》《眉细恨分明》《山色有无中》《看蚕》《见日铸佳茶不能买嗅之而已》《种鱼》《社集凤嬉堂》《读郑所南心史》注删字、《画中剑客》《甲午儿辈赴省试不归走笔招之》《仲儿分爨》《雨梅》《借董伯音名山藏送还致谢》《毅儒斋头看陶去病诗》《百丈泉》《剡中黉院》《鲁云谷医痘》《补贺诸云庵七十寿诗》《吊倪鸿宝先生废宅》《禹陵窆石歌》《种菊》原稿小纸夹册中、《白洋观潮》《观海八首》《舂米》《担粪》《寒夜闻霜钟》五排二首、《寿曹横琴七十》《康衢篇赠陈子申》《为陆子茹起病》《姑苏张载元携琴访余，今年政七十大寿，作诗

贺之》《雨洗中秋月倍明》

七言古

《兖州鲁府松棚歌》《月氏王头饮器歌》《木寓龙》《寓山士女游春曲》《闵汶水茶》《曲中伎王月生》《丙子岁大疫，祁世培施药救济，记之》《读陆放翁剑南集》《毅儒弟作石匮书歌，答之》《读查伊璜三说》《谢周戬伯删定石匮书》《祁奕远鲜云小伶歌》《洞箫渡曲》《柳麻子说书》《赠王二公》《赠黄皆令女校书》《季夏十八日为山民弟夫人五十寿辰》《射虎行为周允恒四十寿》《闻余若水先生苦节志愧》《登子弟夫人病起志喜并勖吾侄昼生》《赠余戬季》《己亥三月坐王誉素斋头听李玉城吹觱篥，姜无幻出白香山［觱篥］歌见示，余亦效颦为之，其中痛痒则问玉城》《具德和尚灵隐寺大殿落成，刚值其初度，作诗［寿］之》《白岳道兄寄怀张子诗，步韵答之》《其二》《癸卯月鲁云谷鱼魫兰盛开，茶话终日，赋谢》《种兰歌为徐旭阳解嘲》《金尔和文孙入泮》《周戬老七十九岁》《寿沈完白八十》《为袁箨庵题旌停笔哭之》《杜功王八十寿》《万休师修大善塔》《寿陆癯庵八十》

五言律

《泰山》《云林秘阁》三首、《灵谷寺》四首、《阮圆海祖堂留宿》二首、《野老哭》十首缺一叶八首、《项王祠》二首、《湖磴庵》二首、《山中冬月》《山居极冷》二首、《五弟遭难不死，作诗讯之》二首、《瓶中梅影映壁上，

画梅影》二首

咏方物：

《荔支》《蘋婆果》《秋白梨》《竹溪杨梅》《塘栖蜜橘》《破塘茅笋》《佛手柑》《鸡头子》《花下藕》《盐官枣》《方柿》《秋茭白》《嫩栗子》《枇杷》《白匍匋》《临山西瓜》《福橘》《莼菜》《獸山菱》《嫩蚕豆》《浦江火肉》《江瑶柱》《河豚》《陶庄黄爵》《芜湖鲥鱼》《河蟹》《牛乳酪》《带骨蚼螺》《招庆烧鸭》《乌镇羊肉》《丰城肉脯》《松门白鲞》《祁门皮蛋》《黄芽韭》《兵坑笋干》绍兴、《腌白菜》绍兴、《玄笋》杭州　以上咏方物三十七首

《己丑岁旦》二首、《谢周戬伯较雠石匮书》二首、《富阳》曾有薄田寓居富阳日久、《桐庐》《常山》《玉山》《江西九仙山》四首。徐伯宜据此山时方三省合攻、《访登子重到故居》四首、《甲辰初度，是日饿》二首、《金山寺》《甲午次儿下第归》《甲午年定图，余以无田出籍》二首、《西湖》三首、《钍儿许造一小划船，徜徉于千岩万壑之间，为老人终焉之计，先以志喜》三首、《喜雨》三首、《赵公简北上》二首、《乙未初度》时年五十有九、《解还友人借衣赠名子弟》二首、《丙申冬日访梵林上人兼订入社》二首、《雁声寒过雨》《谢纬止斋头秋兰》二首、《听杨太常弹琴和诗有序》十首、《壬寅五月廿一日快雨有作》二首、《癸卯除夕》二首、《甲辰元旦》二首、《重游瑞草溪亭，有怀燕客》三首、《山民弟复还故居志喜》四首、《袁茂先夫人

七十双寿》二首、《怀王李二道兄》白岳、商梅 三首

诗中纪年，最早为崇祯九年丙子，最晚者康熙三年甲辰。顺治十二年乙未时年五十九，可知宗子生年，惟不知卒于何时。得诗最多于国变前后，其《和祁世培绝命词》《读郑所南心史》诗皆注删字，必出子孙付刻前抄稿时避忌，然终未刻也。《和世培绝命词》云：

臣志欲补天，到手石自碎。麦秀在故宫，见之裂五内。岂无松柏心，岁寒奄忽至。烈女与忠臣，事一不事二。掩袭知不久，而有破竹势。余曾细细思，一死诚不易。太上不辱身，其次不降志。十五年后死，迟早应不异。愿为田子春，臣节亦罔替。但得留发肤，家园总勿计。牵犊入徐无，别自有天地。

此诗殊佳，留此一首，可觇宗子心事矣。云十五年后死，是本于世培遗书，“十五年前后，皆不失为赵氏忠臣”语。张、祁为中表亲，奕远承彪佳余绪，好女戏，宗子亦喜此，遂为作歌。所居亦必近梅市，因有《寓山仕女游春》诗。有《阮圆海祖堂留宿》诗，必大铖避居金陵山寺时，宗子往访也。其余如周戬伯、查伊璜、余若水、袁于令、黄皆令、具德和尚，皆一时名辈，王白岳雨谦则为宗子评定《梦寻》者。《石匮藏书》为宗子心力所瘁，诗记亦多。其《咏鲁府松棚》《木寓龙》《梦忆》作《木犹龙》、《闵老子茶》《王月生》《柳麻

子》《瑞草溪亭》，皆可与《梦忆》中文同观，是《梦忆》诸文无殊诗注也。其《咏方物三十七章》，则无异《方物》一文之广也。宗子《梦忆》自序云："陶庵国破家亡，无所归止，披发入山，骇骇为野人，故旧见之如毒药猛兽，愕窒不敢与接。作自挽诗，每欲引决，因《石匮书》未成，尚视息人世。然瓶粟屡罄，不能举火，始知首阳二老直头饿死，不食周粟，还是后人妆点语也。"此言非诗，可于诗中见之。顺治十一年甲午定图，宗子以无田出籍。康熙三年甲辰初度，是日饿，年已六十八矣。又有《舂米》《担粪》诗，描绘甚深切，知事皆亲历，非同彭泽之徒事藻绘也。诸儿分爨，且赴省试，非老人之志矣。诗题又有"钺儿许造一船"语，案《梦寻》前诸子编辑姓氏，只铎、镛、镄三人，无钺名，不知何也。

《史阙》六帙

张岱手稿本。竹纸，黑格。与前书全同。书迹亦同出一人手。不分卷，以朝代各起大题。属"古剑陶庵张岱细"。前大字序，书颇工，似以备上板付刻者。序后钤"张岱之印"白文方印，又一朱文印，俱精。序前引首有朱文长印曰"瑯嬛□□"。全书敝旧如陈年簿册，每叶皆粘合而成，有二三行为一条者，亦有十数行者。当日撰此，必先写成长编，每条各为一事。最后排比粘连，始成全书。岁久浆脱，几片片欲作胡蝶飞矣。书出交通路书摊，云来自桐庐山中，并《梦忆》《梦寻》同出。案宗子诗一题云“富阳”，小注云：“曾有薄田，寓居富阳日久。”则此数书之出于富春山中，非无因也。书为徐绍樵所得，以之示余，一见惊喜，知为宗子手稿，决不欲失。绍樵要索重直，摒挡付之，几尽数月之粮，不之惜也。书来后亟寄姑苏旧友曹有福君为之装池，半岁始就。展卷如新，不见碎叶拼凑之迹，真国手神功也。曹君时年已七十，旧在汉学书店，与石麒为故交，为南方装池好手。汉学闭歇，书市亦寂寞，无人买书，更无人装书，遂返吴下王洗马巷故居，无以为生。余约以故书付之装治，月得六七十金以为常。有时无佳书，则并清刻亦寄之，使无失业。又于琉璃厂得高丽旧笺及旧金笺之类甚多，俱寄之。明时旧棉楮竹纸亦寄之，为补书之用。案书籍装池，亦有北京、镇、扬、杭州、苏州等数派。大抵京派豪华而失之俗艳，杭州所装多草草，又喜衬订，其尤劣者以破蛀之叶裱背之，如鞋袢。甬上之书亦时有此种，揭去重装，所费尤巨。曹君为苏派名手，更由余指使，遂使余家书别有风格，大抵以厚册不衬，平整而大小如一，补叶必求纸色之划一，不包角，封面或用染蓝高丽纸，或用旧五彩高丽纸，及发笺金笺之属为要。一见可知，不待审规印记也。诸书中费工尤巨者为《史阙》，每叶衬纸半张，厚册至寸许，平整如斩，不知篇篇叶叶皆粘补而成，如集腋之裘也。余曾撰一文于报端记其事，后有读者投书，欲师事而传其伎，可见为人倾倒。宗子有一卷《冰雪文》，《史阙》亦其类也。譬如为人绘（象）［像］，于其颊上添毫，而人物之神情毕现矣。于诸史中撷其人物言行之足窥时代风尚者集为一卷，毕此卷而全史之眉目跃然矣。此宗子选文之法、著书之法，尤读史之法也。其书曾刻于道光中，狭行细字，刊颇不精。余于九峰旧庐王氏收得一本，卷数不同，而文字无异。新刻有跋，言所据抄稿密行细字，殆从此稿抄出者。新刻借与故友周君，十年不归，消息亦断，不禁慨然。

《西湖梦寻》五卷

康熙刻本。九行二十字。白口，左右双边。卷首大题下属：

> 古剑蝶庵张岱　著纂　　铎　式宣
> 　　　　　　　　　　男镛　式黼　编辑
> 　　　　　　　　　　　镄　式贞
> 山阴曲辕王雨谦评定

扉叶书名大字隶书，左下侧书“凤嬉堂藏板”五字。书前有“武林道隐金堡偶题”序，“古夔旧史李长祥”序，“社弟查继佐”序，“弟祁豸佳书于蟫仙庐”序，“潞溪白岳王雨谦”序，“岁辛亥七日既望古剑蝶庵老人张岱”自序，凡六通。次凡例，末属“康熙丁酉年十月望日孙礼撰”，略云：

> 先王父生平素多撰述，所著如《陶庵文集》《石匮全书》，以及《夜行船》《快园道古》诸本，皆探奇抉奥，成一家言。以卷帙繁多，未能授梓。是集为从弟濮携来岭

南，而韶州太守胡公见而称赏，令付剞劂，以张前徽。余小子自顾颛愚，不克仰承先志，而奉兹遗集，益感中怀。爰授之梓人，锓以问世。其家藏诸种，俟有力梓行。

是此本墨板于粤东之证，《中国板刻图录》以为山阴刻者，误也。凡例后为目次，仍列张岱撰、金堡定、李长祥阅、王雨谦评数行。评语俱在书眉，光绪中刻俱删去之。每卷后皆著诸孙参订姓氏，为陈书字通、礼立亭、国鼎字渊、濬字哲、濂字清、瀚字漉、濼若水、曾孙肇柏廷坚，凡八人。光绪刻亦无之。宗子撰此书序在辛亥，是为康熙十年，年已七十五岁。书刊于丁酉，是为康熙五十六年，又在四十六年之后。所列遗著凡四种，皆家藏未刻，是《石匮书》稿以五百金归之谷应泰者，为不经矣。辛卯初春，与《史阙》稿本、《梦忆》巾箱本同收于徐绍樵许，是一家眷属，同来自桐庐山中者。郑西谛亦好宗子书，得光绪刻文集，跋之，谓其书无清初刻，语在《劫中得书记》。一日过斋中观书，见此惊异，急于《得书记》新序中正其旧说。友朋戏笑，事尚如昨，而西谛墓木已拱，同来观书之成都李氏，亦已白发盈颠，真如一梦已。

《梦忆》八卷

道光壬午王见大刻巾箱本。板式殊精。扉叶大书“梦忆”二字，与《史阙》《梦寻》同收于绍樵许。重装藏之，加朱一过。此为生平爱读之书，而旧刻罕遇，王见大初刻此书于乾隆甲寅，亦罕见。二十八年后又重刻之，二本异同，不知如何。又有一卷本，乾隆乙未金忠淳刻入《砚云甲编》，为最早。王氏初刻八卷本，后于咸丰中刻入《粤雅堂丛书》，书名上冠以“陶庵”二字，失其旧矣。伍跋称《砚云》本前序不著姓氏，或即金忠淳笔，实不确。其人熟知陶庵身世，盖同时人而行辈差晚，非乾隆中人所能道。言三十年来杜门谢客，当在康熙甲寅前后，亦即宗子撰《梦寻》自叙之时也。王文诰云，乾隆中得传钞足本八卷于王竹坡、姚春漪。春漪，名思勤，亦杭人之能藏书者。所传殆亦蝇头细字之本，非原稿，明甚。四十七年前德清俞氏有点校本，余儿时读本也。群书扫数尽去，只此小册偶遗，似故主情深，恋恋而不忍去者。今日之犹能读蝶庵文字，赖有此耳。

《悟秋草堂诗集》四卷

崇祯刻本。梁溪顾杲撰。大字，刊极疏朗。竹纸，二册。杲为首倡《南都防乱公揭》者，以此知名。此集刊在前，多流连光景之作，无关涉时事之篇。近时有重刊本，原刻罕传。徐绍樵于梁溪人家得书数种，皆精好，以之见售。时已在丁酉秋日，未几下世。此为余所得绍樵书最后之册。

《唐秘书省正字先辈徐公钓矶文集》十卷

钱曾抄本。桃花纸，墨格。板匡左上角阑外有“虞山钱遵王也是园藏书”十字。半叶十一行，行廿字。白口，四周双边。前有建炎三年三月族孙师仁序、裔孙玩可珍序。次目录。收藏有“汪士钟藏”白文长印、“汪濲之印”白朱文印、“镜汀”朱文方印、“镜汀书画记”白文套边长印。卷末有竹汀居士手跋一叶。卷第五原缺。磁青书面，犹是汪氏艺芸精舍原装。庚寅冬至后一日，石麒介以此本及明抄《梨岳诗集》有汲古阁大印，此二书皆影入《四部丛刊》三编、黑口本《通鉴集览镌误》赵清常跋三书来，云是海虞瞿氏物而无藏记者。时铁琴铜剑楼书已入公府，赵斐云按目而索，无一漏网，只此数种因原目不载获免。岁暮天寒，出以易米，余出重直易之。忆此后所出，尚有澹生堂抄本《南诏野史》《滇载记》二种，又皮纸蓝格抄《石田翁客座新闻》、明抄《禁扁》等，却不及收之矣。此本写手极精，如女史所写。余后更见遵王家抄本《能改斋漫录》半部，系朱氏别宥斋物，亦开花纸，惟绿格，板匡差小，而阑外题字亦异，无“也是园”三字，但云“虞山钱曾遵王藏书”而已，写手亦精，每卷尾有“弄珠女史手抄”六字，疑为人故作狡狯。后游湖上，于浙江省立图书馆又见此书半部，果无“弄珠女史”字样。附记于此。

《刻中唐十二家诗》存五家五卷

万历刻本。九行十九字。白口双边。此明人汇刻唐人诗集之一，金陵刻也。不甚精，而多出旧钞，可为唐集校勘之助。癸巳岁晚，得之越中，亦祁氏寓山藏书也。同收尚有万历刻《渭南文集》四册，只文无诗，封面裱背有祁氏子所绘山水，殊精妙，有云林枯木竹石之致。因知明人大抵能画，逸笔草草，士大夫大抵能之，不足异也。此本卷一尚存，序目俱在，可知全书大凡。前有万历壬子孟夏之吉金陵兰嵎山人朱之蕃《全唐名家诗集总叙》，次朱之蕃《刻中唐十二家诗小序》，次《刻中晚唐诗名公姓氏》，次《中唐诗人姓氏》，人各一卷。卷前间有旧序，目次亦不一式。今存卷一储集、卷七之十卢、张、王、贾等五卷。卷一大题下属“江左兰嵎朱之蕃校，门人朱熙文、罗顺标、王世茂梓”，总序略云：

> 兹搜集诸家，积有岁月，得中晚十二家一部、廿六家一部，俱刻有成书。特加增正，还其旧观。此外藏书之家，多有抄本，不敢自秘，合授梓人。随所得之后先，接续传布。

此是总序。其《刻中唐十二家小序》则云：

> 是集刻本传世甚少，且以储、孙生盛唐而误入中唐，亦未之厘正。近又见刘宾客别有外集，当时采摭亦属未备。予妄谓前人苦心搜辑颇艰，今当仍其旧贯，加以补苴，便可更传百年。因先授梓人。

《刻中晚唐诗名公姓氏》：

> 储光羲、独孤及、刘长卿、钱起、卢纶、孙逖、崔峒、刘禹锡、张籍、王建、贾岛、李商隐。
>
> 以上系中唐十二家，旧板久毁。内刘禹锡别有外集

十卷，今并增入。

孟郊、郑谷、许浑、姚合、杜牧、薛能、李中、吴融、罗隐、李频、许棠、杜荀鹤。

以上系中晚名家，单集抄本居多。陆续搜访，恐致遗佚，并梓以公同好。尚有后得者，不拘时代，渐次增补，以成一代风雅之大观。海内大方，藏书博雅，想同此志，不吝见示，尤慰至愿。

金陵兰嵎朱之蕃识

《客座赘语》存卷一之四凡四卷

万历刻本。九行廿字，白口，单边。初印精丽。石麒以之归余。书为顾起元撰，传本颇稀，近有金陵傅氏刻入丛刻。此为初刻，行间有批点，每卷大题后双行题“遁园居士辑、凤皇山长批”，批者卷各不同，二、三、四卷为秦淮逸民、赏心亭客、保宁庵主，每卷前有目录。

《潜夫论》十卷

元刻本。大字，甚精，初印，纸用厚棉料。原装四册，今存其半，为第二、第四两册。宋讳间有缺笔，而不甚严。刻工亦与宋刻之端丽者不同。徐森玉丈定为元刻之佳者。每册前后皆以罗纹宋笺作衬，有金氏藏印，不知其人，当在康熙中。又有焦循印、仲轩印。书出宝应故家，徐绍樵得之，以重直归余，云余卷必将续出，然终未见，殆已沦劫火，可憾惜也。符书世无旧刻，《四部丛刊》所收为景宋旧抄本，取对此书，无一不合。然则所谓宋本即此刻也。

《咏怀堂诗集》四卷、《续集》二卷、《戊寅诗》二卷

崇祯刻本。徐乃昌藏书，石麒介以归余。初、续二集封面有樊山老人题属，卷中有校字。正集卷首一序抄配。原封面尚存，题金陵毛恒所雕板。有集之自序。《戊寅诗》字较大而刊刻亦精，前有马瑶草序，以禅语论诗，颇有机锋，引所作诗断句“深机相接处，一叶落僧前”，甚俊。序尾大书“弟马士英具草”。卷前有八千卷楼藏印，又有“翁同龢观”小印，是此书未入盋山，流转常熟，遂有传抄之本。江南图书馆旧有活字本正、续集，所据为丁氏旧藏。后又刊小册补逸，即据虞山钞本，为辛巳、戊寅二年诗。然《戊寅诗》则但存下卷，不知何故。阮髯集崇祯中编年诗，但存二集，又有《和箫集》一种，亦明刻白棉纸印本，十年前闻甬上人家有之，又出诸集之外矣。丙戌夏余居金陵，暇辄访古。一日经行城南坊巷，过一处曰库司坊，即裤子裆，于废圃荒池间得集之咏怀堂废址，犹有池水一湾、湖石三四。归而访柳翼谋丈于盋山书楼，请观丁氏旧藏阮髯诗，不知何时为人盗去。即近时印本，亦不复存。求之坊市，亦无一册，怅惘久之。不意七年之后，竟得原刻三集于海上也。集之大有才华，恨居心匆净，其所编诸剧，骂世十七，解嘲十三，多诋毁东林，辩宥魏党，为士君子所唾弃，故其传奇不之著焉。此张宗子之言也，颇得其平。祁世培《曲品》中不著《燕子》《春镫》，即清流月旦。然阮髯诸曲本、诗集固不灭，非仅藏书家

之好奇，亦以其撰作自有文彩，此鲁迅论六朝宫体诗之言，于阮髯亦宜。马瑶草无片纸只字传世，能山水，人或得之，改姓名为冯玉瑛，托名青楼，其狼狈盖犹在集之之下。然读其一序及断句，固能文者，又熟读外典，亦非俗士。小人无不多才，殆信然也。

《逸语》十卷

乾隆刻本。开花纸印。九行十七字。题曹庭栋辑并注。前有例说，末题“乾隆十二年三月八日嘉善曹庭栋谨识于慈山草庐”。有王绶珊印，得之绍樵许。

《读书堂诗集》

稿本。竹纸，黑格。板心上有“读书堂集”四字，写刻，纯是康熙中刊书体式，细楷精写，偶然抽得于书肆架上，疑为汪景祺诗，归而检书，所见果不诬，喜其得一秘册也。为排比群书，写为长跋。此本两册，不著撰人。前有序五六通，皆出康熙中名宿之手，有朱彝尊、韩菼之作，诸家原集，都未之收，知必有避忌。集中有《陪竹垞老人游湖上数和韵》诗，检《曝书亭集》，果见《偕汪无己游湖》诗，韵脚并同，是为汪无己集显证。《曝书亭集》刊于康熙末，无已、无亢弟兄姓氏并在卷中，其初印本类如是也。未几而年狱起，竹垞集之后印本已尽铲去无己兄弟姓名矣。竹垞时已归道山。无已为景祺初名，东山汪霦子。余藏竹垞书赠东山诗轴，原诗亦在集中，是与钱塘汪氏为通家世好。此集所存，皆入年幕前所作，留连光景，时有好语。以名家子而得交老宿，然实未能成家。亦不纪民瘼时政。卷尾尚有余纸不少，殆是清写未竟之稿。徒以未著撰人，竟得脱于焚弃，亦偶然也。景祺以《读书堂西征随笔》一稿遭大辟，妻子不免，为雍正中一大案。易代以后，稿本出于故宫旧档，覆印行世，多记在年幕时所见西陲风物，又纪当时显宦赃私淫纵之状，世传用以得罪之打油诗则无之。记红石村三女一文，如唐人小说，笔墨绚丽，可方《思庵闲笔》，信是才人。而慷慨好骂，亦文士之常，其得罪由于年党，非只笔墨细故而已。

《两山墨谈》　卷

嘉靖刻本，棉纸四册。板式甚古，与通常嘉靖本不类。板心下黑口。明人笔记中罕传之册，得之郭石麒许。后又见一天一阁旧藏残本于林集虚家，未之收。

《银藤花馆词》四卷

嘉庆绿华楼刻本。休宁戴延介受兹撰。写刻甚精。十一行十九字。白口，左右双阑。前有嘉庆戊辰吴锡麒序。卷前有“玉绳长物”白文大方印。竹友，为郑枫人壻，皖人而久居吴中，与吴越间名士多所往还，卷中投赠诸人，有倪米楼、陶凫香、袁又恺、黄荛圃、王述庵、何梦华、顾南雅、刘芙初、洪稚存、贝简香等。为徐乃昌物。积余萃毕生精力收清词，尤着意于皖人著作，此种是其白眉。

《无闷堂集》三十卷

康熙刻本。侯官张远超然撰。集非刻于一时，有宋体字刻，亦有写刻。前有目，时有与诗文不相应处，亦时有铲去之篇目，似出于避忌。得之上海书林。卷端有“云山一叶楼李氏藏书”印。此集罕传，邓之诚得一本，诗只十一卷，不全。尝排比诗文，得其生平大略。云生于顺治五年戊子，康熙三十八年乡举，年已五十二，年二十余去乡入吴，乙卯赘于常熟何氏，遂家虞山。尝游京师，还闽入粤，又尝泛海出洋。远一生行径甚奇。之诚谓其出洋意不在谋食，其序新安戴生之《火攻秘书》，序秣陵谢修五之《训练辑要》，非好奇也，盖将有为。其寄情书画，博一第，守一县，皆所以揜其迹。跋《松雪集》，痛诋鸥波，最见心事。所言皆非无因。远诗文皆佳，才气飙举。赵清常藏古今元明杂剧，曾藏远家，有文跋其流传甚详。郑西谛、孙子书各撰长文跋之，至数十万言，乃俱未知其书曾在远家。他诗文亦可读，为曹秋岳、周青士所赏，殆非偶然。清初人有行止绝奇者，如恽格、余怀、万寿祺等，徒以诗文求之，往往不能得其究竟。远亦此类。其集可读，更远胜大人先生之作。此集偶然得之，今更失之，不能细读而考其人生平，盖亦远之不幸也。远于康熙五十五年选官云南禄丰知县，卒官，年七十。

《燕在阁唐绝句选》十卷

康熙精刻本。十行十九字。上下黑口，左右双边。前有康熙己丑新安王棠自序。次凡例三叶，又凡例二叶，属“丰山王棠勿翦选阅，岑山程庭且硕、程增蝶庄参订”。此本二十余年前偶得之姑苏，后收《静思轩藏书记》，中有《燕在阁文稿》一种，有罗振玉跋云：“勿翦先生以古文考订之学，名于国初。在京师日，阎百诗、朱竹垞目为今之韩欧。”于此可少知棠故事。凡例中颇有考订，知此书非泛然而作者。程氏扬州盐贾，助资付刊者也。

《书馆闲吟》十卷

康熙刻本。长洲顾嗣立侠君撰。十一行，廿一字。线口，左右双边。前有总目，计《秋查集》二卷、《双井书屋集》三卷、《枣下小集》一卷、《春树草堂集》四卷。每种大题下各缀小引。此康熙乙酉秀野入京选诗，迄己丑三月，四年中所为诗。林吉人手书上板，楷法精妙。单行罕传。前有“家在百花洲畔”白文方印、“陈箴宸六”白朱文连珠印。甲午乙未之间，林估每挟书自甬上来售余，天一阁书为大宗，清刻亦不少。清初名集有合单刻五六种订为一册者，绝可爱，皆索重直以去，如汪柯庭、薛生白等集皆是。以为得此种书，殊无异于清人之得明黑口本也。其时代相悬，约略近之。降至今日，线装之书乃绝不可睹，其视此种，殆将如东武刘氏之视蜀大字本矣。

《闾丘诗集》十卷

康熙刻本。顾嗣立侠君撰。侠君，长洲人，康熙四十四年以举人荐入三馆修书，五十一年特赐进士，选庶吉士，后三年以不习清书改归班知县。卒于六十一年，年五十八。此二册十卷，写刻，小字甚精。石麒以之见售。前有总目十卷，后尚是黑丁，殆是初刻之本。《秀野草堂集》六十八卷，至道光中始刻竣也。

《广川画跋》四卷

嘉靖刻本。宋广川董逌著。九行廿一字。白口，双边。前有嘉靖壬寅夏日东阜刘大谟序。皮纸，初印。存卷一之二，一册。刻板古拙，不似通常嘉靖本，风格亦不一，似前后两次所刻。卷二尾叶似有一墨丁牌记。癸巳秋日，得此残本于吴下。为冯开之快雪堂藏书，有四印，精绝："冯氏图书"朱文长印，"冯印梦祯"白文方印，"权奇"白文套边扁方印，"冯骥子印"白文大方印。不见此不知明万历中治印之精，初视几疑是康乾之际至工整之作，细审始知飞动流走，皆在规矩之中，非清人所能梦见。钝丁变法，别辟蹊境，求一种逸趣于笔墨之外，欲求此种工力，不可得矣。

《三辅黄图》　卷

嘉靖刻本。白棉纸，初印，精丽非常。此初收书时所得甬上流出之物。

《梦粱录》二十卷

旧抄本。目录后有牌记两行，知从宋刻抄出。写手颇旧，康雍时物也。此本与《武林旧事》《东京梦华》为纪两宋京城故实名著，而传本之稀，尤少于孟元老、周公谨作，以此殊甚珍重之。

《剧谈录》二卷

嘉靖刻，存卷下。棉纸，写刻。卢文弨朱笔校并跋两行，淡墨欹倾，晚年书也。后归丹铅精舍，劳季［言］墨笔手校并考，蝇头细字，书于书眉，往往数十百言。郭石麒以之归余。瞿氏清吟阁、朱氏结一庐目中皆有著录，不知何时流散，遂成残帙。

《剧谈录》二卷

旧抄本。有江山刘履芬藏印。偶得之书肆架上，因携归藏之。

《寇忠愍诗集》

旧精抄本。有“顾肇声读书记”朱文长印。得之石麒许。后得康熙刻本，有振绮堂汪鱼亭藏记，曾取以对观，无少异，知同出一源也。余别藏极初印之《笠泽丛书》，卷前有“中吴顾楗手校藏书”朱文小长印，所谓碧筠草堂本也，即肇声所刊。凡最先印本，皆钤楗小印。

《憺园集》三十六卷

康熙刻本。徐乾学撰。大字写刻，殊精。中缺数卷，抄补。偶得之海上。其集罕传，凡赋一卷，诗八卷，文二十七卷。乾学顾亭林甥，虽为显宦，然借舅氏余光，士类群归之。其得圣祖赏识，厥故在此。一以收中国人望，一借以分八旗巨室之势。倾明珠、余国柱，兵政之柄始尽归帝手。此康熙一朝政争之大略也。言清初史事者，必知此中关窍，然后诸事可得其解。然乾学之进，初实附明珠、高士奇，而后之劾罢二人，亦出乾学策划。其事虽合帝旨，然翻覆之状，亦不可掩。未几解任，于回籍时赐“光芒万丈”额，盖兔死而狗烹矣。傅拉塔为明珠甥，先得帝命督两江，严劾乾学及弟大学士徐元文诸不法事，为报复也。元文解任，乾学夺职，自是徐氏兄弟乃日在忧危之中。元文愤恚而死，时在康熙三十年。又三年，有诏取乾学、鸿绪、士奇回京修书，乾学候使者来，不测帝旨，遂惊悸而卒。乾学颇藏书，传是楼中物于身后斥卖略尽，流传甚罕，二十年来只收明棉纸抄白《广客谈》《遂昌山人杂录》一册，有“藏金满籯不如一经”印而已。光绪中吴澜重刻《憺园集》记云集初刻成，乾学即没，丧中以数十部赠人，或有言其非者，遂秘不肯出。与元文《含经堂集》皆刻成不敢行世，可见忧危之状，集用是罕传。此本为徐紫珊藏书，曾以朱笔点读，凡三四叶而止，改“卤”字为“西”字，更多破句，足征渭仁不学。春晖堂主人风雅好事，有盛名，不意乃有此失。可见藏书加墨，实非易事。世之藏书名家，但钤印累累，而不著一字，有以也夫。

《通志堂集》二十卷

康熙刻本。纳兰成德撰。成德，字容若，明珠子。康熙十二年进士，官侍御。二十四年卒，年三十一。集凡赋一卷，诗、词、文、《渌水亭杂识》各四卷，附录二卷。此为名集，流传绝罕。石麒得于徐乃昌家，持以见示，意甚珍重。石麒从不要索，独此集索高直，可知其罕见也。写刊绝精，颇似《通志堂经解》，而较厚重。文四卷，多《经解》叙录。词为容若最擅胜场，张见阳曾为刊之，亦在康熙中。此则全集之本，尤可重。容若喜交文士，顾贞观、严绳孙、秦松龄皆往还甚密，卒后哭之亦最痛，哀挽之什，多存附录中。此集为容若身后徐乾学刻行者。乾学本明珠旧人，为容若师，先为刻《经解》，此集之刻，在康熙三十年辛酉，时明珠已罢相，实乾学所陷，而乾学亦解任家居，正忧危之时，乃复刻此，大有玉溪乞哀令狐之意矣。时徐方在乡修书，此集之刻，或在南中。三年后而乾学亦卒，板片或未载归，刷印甚少，流转至稀。战前平馆收得揆叙旧藏之本，有莫友芝长跋二通；李木斋亦藏一本，他未见有著录者。十余年前沪上曾影印容若手札数十通，甚精，余曾撰长文跋之。又二十年前在故宫见容若小像立轴，四面题诗盈幅，康熙中文士几尽在焉。实为名物，惜无人为之印行。

《桃花里集》四卷

天启刻本。似顾若昔撰，不能确忆矣。前有温体仁序。书出山阴梅市，有祁晋元朖藏印。晋为祁李孙子、彪佳孙。余收祁氏藏书，起汝霖，至晋凡五世。君子之泽，亦殊难能而可贵矣。

《集古印谱》二十册

乾隆开万楼钤印本。中佚数卷。此为海虞瞿氏旧物，岁暮欲以易米，倩郭石麒携来，即收之。余旧曾有残本数册，亦石麒所赠，欲觅得配补，却已失去，怅惘久之。石麒又介以陈守中所藏残册四本来，为附释文本，金寿门书签尚存。索价奇昂，遂退还之，实亦未能补完也。书前有鲁曾煜等序，又讱庵带笠小像。蓝花边，每叶钤二至四五印，下注印材，背面空白。一本有释文，则少后钤者。此谱所收皆古印，上起秦汉，下讫朱明。凡金、银、铜、铁、瓷、木、竹牙、玉、瑙、翠、腊、石，诸种皆备；缪篆、元朱、官制、印玺，诸色亦无不备。琳瑯满眼，美秀无俦。余之知中国篆刻之美，少识流变之迹，实由此书之教。虽编次无序，而无赝品，拓本亦精。二百年矣，丹朱焕然，精采毕现，每一展卷，辄忘寝食。余亦颇收印谱，上起明人，下迄近代。久而益爱此书，得此一编，他谱可废矣。讱庵汪君，富而好事，歙人而寄籍钱塘，筑开万楼于小粉场，疑本新安巨贾，曾官水部，喜藏书，尤喜藏印，有《飞鸿堂印谱》等凡五七种，皆精好，大者巨帙径尺，小者盈寸而已。余别有《袖珍印赏》等二种，其自制名印多至数百钮，印质金玉以次无不备，印人则丁敬以下若干人，是真好事之尤者矣。二十年前游湖上，拜经楼估人曾以汪秀峰印谱凡五七种见示，索价奇昂，无从买之。然亦无《集古印谱》，后遂未见更有藏弆之者。

《飞鸿堂印人传》八卷

乾隆刻本。此附印谱以行者，大字，长板匡，板式甚奇。传本绝稀。余先后得两册，尚有缺佚。其一厚册，为石麒所赠。石麒业故书凡数十年，为南估中最有眼光者，自宋元刻以至清人刻本，无不博识，其学岂在孙耀卿辈下乎？然无著述，遂不能留姓氏于书林。余之得识板本门径，得石麒之教者多矣。惜当日过从，未能详询其家世师承，未能为制一佳传也。

《水曹清暇录》十六卷

乾隆刻本。九行十八字。白口，左右双边。题“古歙讱庵汪启淑述”。前有乾隆五十七年钱大昕序，系从手书上板。后有翟槐跋。收藏有“荥阳家藏”白文方印、“海上世家”朱文方印。此为名书，亦复罕传。清人笔记中佳品，北京故实，往往可于此中见之。启淑似不甚齿于乾嘉学人，尝见顾千里于题跋中偶及讱庵，言其颇好事，亦有藏书，似于其学识收藏，都不重视。竹汀撰序，亦草草应酬之作。此十六卷笔记中，诚亦无心性之学，朝章典要，然能记人之所不记，二百年后，遂为佳史。此则心腹褊浅之学人所不屑作，亦不能做者矣。书为九峰旧庐故物，徐绍樵收得之，余初见时首册已寄郑西谛，余向绍樵假余卷归，一夕阅毕。半月后西谛怒其价昂退还，遂归余斋。十年前旧友吴君曾辑刻清人笔记，此书亦在目中，人事栗六，其事亦寝，可惜也。

《焠掌录》二卷

乾隆刻本。大字写刻，微近宋体。八行十七字，白口，左右双边。板心下有“开万楼”三字。题“钱塘汪启淑辑”。前有杭世骏序。此为秀峰早岁所为读书笔记，焦里堂云，考证经史简授，颇资于学者之参订，在近年新出诸说之上。鲁迅先生曾考订麻胡端末，此书则详著史传中相类纪事凡十一事，可见读书细密。书甚罕传，得之徐绍樵许。秀峰著述只《讱庵诗存》未见。

《东林十八高贤传》一卷

万历刻本。此本郭石麒于旧书裱背中揭下，以之见赠，云当有图，今不存矣。意殊感之，重装一册。

《孤树裒谈》五卷

嘉靖刻本。佚去首一卷。棉纸，存四巨册。亦林乔梁甬上携来之物。此书曾见有二十卷本，为世学楼棉纸黑格精写。又有十卷本。此五卷本未见它家著录，以无他本对校，不知异同何若。篇幅甚富，亦殊不类节本。此亦明人私史之著名者，分朝纪事，有如《世说》，而无统属，亦轶事之渊岳也。百年之中，一再刻而又有抄本，殆亦风行一时者。

《诗翼》一册

嘉靖刻本。棉纸，精印。此与《诗准》合刻而失群者。静安寺汪估买自吴兴，以归余者。

《太微后集》一册

嘉靖刻本。此张太微诗，前集不存。白棉纸本。来自甬上。

《黄四如文稿》 卷

嘉靖刻本。棉纸初印，精丽，残存下半。卷尾有徐兴公手跋两行，娟秀可爱。《红雨楼题跋》中未收。此册亦石麒遗余者。

《楚辞》五卷

崇祯刻本。萧山来钦之注。前有崇祯戊寅陈洪绶序，手书上板，书法精妙，是主来氏斋中时所写。又精图十二帧，亦老莲所制，雕椠甚精。《屈子行吟》一幅，高冠博带，颜色憔悴，曳杖行吟，忧不可辍，最能得屈平心事。《九歌图》亦佳，能以少许胜人多许者也。卷端有萧山蔡陆士藏印。春秋书店严阿毛物，以善价易归，与萧云从书并储。丁野鹤《陆舫诗草四》有哀浙士陈章侯诗，题下小注云

“时有黄祖之祸”。诗作于顺治九年，其事甚秘，无知之者，因录于此：

> 到处看君图画游，每从兰社问陈侯。西湖未隐林逋鹤，北海难同郭泰舟。鼓就三挝仍作赋，名高百尺莫登楼。惊看溺影山鸡舞，始信才多不自谋。

《楚辞集注》存《九歌》

元刻本。黄皮纸，初印。存一册，为卷二、卷三，《九歌》在焉。刊刻板式与集千家注本李诗正同，亦是坊本。

《楚辞集注》三册

万历刻本。原书当四册，此本失去其第四册，系《辩证》数卷。初印明丽。此为山阴祁氏书，却无藏记。惟书根大书“东书堂”三字，知是祁氏诸子读本。东书堂之见于著录者，有赵一清《大母朱太君安葬记》，在《东潜文稿》上：

> 乾隆二十年冬十一月丙申，奉大母朱太君之柩，合葬于先祖东白府君先垅。葳事而归，群从延访太君山阴故里，泊寓山园，拜祁忠敏公遗像，拓谢秀才谦所题“溪山草阁”扁额，徘徊瞻顾，不忍遽返。顷之，有佛弟子出拜曰：“郎君辈何来?”众指忠敏公像示之曰：“此某辈舅氏也。”愀然曰：“得非赵家二姑娘之诸孙乎?”历数太君有姊适沈，有妹适王，其次某某，然后知

太君行二，而其人为祁六太公小史，及见太君自朱抚祁，先祖就婚东书堂之大楼，弹指七十年，年已八十有七矣，岂非人瑞也哉。

此文绝佳，不徒存史事，且具真感情。东潜经生，乃有此作，可知为文之要，不在藻绘，而在情实。其述祁六小史，恰如宗子梦里小傒今已白发之语，何其似也。东书堂祁氏大楼，就婚即在是。全祖望诗则云：

东白先生亲迎时，东书堂前赋结缡。太君解诵青箱本，郎婿能歌黄绢词。

赵谷林《春草园小景分记·旷亭》条云：

昔时梅里园林人物之盛，澹生堂藏书十万卷，悉人间罕觏秘册。又东书堂为五、六两舅父诗坛酒社，名流往复之所，间率群从子姓及祁氏、商氏、朱氏懿亲闺秀，吟咏其中。当时籍甚，至今称之。

是皆有关东书堂故实。三百年后，遗址不复可寻，只余此三字在《楚词》书根，似自道其当日曾亲见诸祁故事者。纸墨之寿，永于金石，岂不信哉。

《南斋诗集》

康熙刻本。山阳丘象升曙戒撰。不分卷，而别著初刻桐园杂咏等目，末附传状等甚富。有弟象随，与之齐名。写刻，小字颇劲健，得于交通路书摊上。设摊人籍江北，年六十许，颇谨愿，所储书皆申报馆木活字本小册及石印小说。余常过之，然未有佳册。此本旧刻，偶然得之，至为得意。又尝得渔洋山人小集之初刻者，及王静安《壬癸集》木活字本，皆出此摊。

《述本堂诗集》二卷附一种

乾隆刻本。桐城方式济沃园撰。康熙四十八年进士，因《南山集》狱，随父登峄长流黑龙江卜魁城，五十六年没于戍所，尚早于登峄。集《陆塘初稿》一卷，《出关诗》一卷，附《龙沙纪略》一卷，记黑龙江方隅山川风俗物产如小志，佳作也。诗集二卷，得于徐家汇故友唐君肆中，有刘位坦藏印。

《佳山堂初集》十卷、《二集》八卷

康熙刻本。益都冯溥撰。溥，号易斋，顺治四年进士，官至文华殿大学士。康熙三十年卒，年八十三。此本《初集》刻于康熙十九年，《二集》则归田后作。黑口，刻颇厚重，为北方刊书风气。九峰旧庐藏书，得之徐绍樵许。

《桐野诗集》四卷

康熙刻本。贵筑周起渭渔潢撰。康熙三十三年进士，官至詹事府詹事。此四卷为丁丑迄甲午之诗。贵州诗人不多，起渭以此为黔人所重，集刊刻颇精。林乔梁所售。

《瀛山笔记》二卷

乾隆乙酉冬绣雪堂刻本。十行十九字。上下黑口。题“海阳黄士埙伯龢著、从孙煜砚樵校”。前有乾隆乙酉云间王永祺序。卷尾有从孙煜跋，称士埙休阳高源人，康熙癸丑进士，官编修。有《宏雅堂集》《柏林记事》二书。此笔记稿本，得之云间，因重刊之。徐乃昌旧藏。

《含翠轩诗钞》　卷

康熙写刻本。长洲陈叶筠廷望撰。十行廿一字。白口，左右双边。前有康熙己亥施何牧序。第四至七卷卷数板心仍墨丁，知尚未刊定。王闻远所刻也。叶筠与许子逊善，往来栗里，登许氏之堂，观梅花墅制曲，有诗纪之，云《五种曲》。其题《秣陵春》乐府云“凝碧池荒衰草深”，殆不堪使梅村见之。又有题《画眉记》乐府诗，似亦梅花墅制。《顾郎曲》长调雅近梅村，沈德潜曾选数诗入《别裁集》，意为点窜字句，不见原刻，不能发其覆也。德潜好为人师，往往点金成铁，最为恶趣，而知者不多，往往为其所愚，作者又大不幸矣。此册为滂喜潘氏物，论秤入市，为文学山房所得，转贩归余，皆得重价。此册尤为余所珍重。

《思适斋集》十八卷

道光己酉上海徐氏刊本。此顾千里书，本非罕见，然此最初印本，却有后印往往有同治新跋铲去之处。如卷首墓志后有“姑苏张吉村镌刻”一行，又封叶后朱记曰“苏州府前涵辉阁书坊纹银一两”，可知此书实徐紫珊刊于吴下者，价殊昂。卷前有“祥符周氏瑞瓜堂图书”白文方印。

《壬午平海图》

崇祯刻本。己丑冬日，余游京师，于来薰阁后进藏书之处，检得旧本多种，半为残帙。此晚明所刊板画一册，已为鼠啮去下半。喜其刊刻之精，而复罕传也，买之而归。前有大字序，撰人姓名亦啮失。序后七番为《北至莺游门南至普陀山沿海地形图》，以下为纪事之图，每图合两半叶为一幅，右上角题故事，自“贼髻王四等淮河谋抢漕船”起，至“苏松道程再□□□”止，都二十八图，大似连环图画。人物衣冠，细如丝发，姿致生动，实晚明板画至精之作。举凡海战情状、抚按会议、行刑散众诸端，皆如实描画，非向壁虚造，大可珍重。后读王重民记美国国会图书馆掠去中国善本中有《壬午平海记》二卷，活字本，因悟即是此书。而卷端一卷因伤残而为估人抽去，遂得独存。又五年，乃于吴下文学山房得见残叶十二番，特居奇，仍收得之。因得觇全书风格，至为得意。按谢氏《晚明史籍考》著录此书，即美国会图书馆所藏之本，题程峋撰。据《永丰县志》著其仕履云，崇祯甲戌进士，为部郎，升镇江守，擢苏松兵备道，迁江南督粮道。明亡入粤，为惠潮巡抚，寻遇刺。今按彭士望《耻恭堂诗》自序云，庚辰牵太学生徐仲吉狱，至京口，主郡守程峋。事在崇祯十三年，峋方为镇江守，同客有沈寿民、周镳、钱邦芑等。士望诗有“此邦妙山水，主人逢李邕”句，知峋之好客。士望注云：“程峋，吉安。知镇江府。”后记死事之状，在《王事兵乱死》条下云：“程峋，永丰。兵部尚书。死广西。”此《平海记》所辑刻者，其任苏松兵道时所为书札檄揭。又案《国榷》崇祯十五年三月云：“盗犯太仓新开河，杀（百）［把］总王百度。”又六月庚戌云：“崇明盗平。兵道程恂散其党二千余人，籍其兵四百四十人。”旧史所记，仅见有此。

《张小山小令》二卷

嘉靖刻。九行十八字。板心上下黑口，刻工朴拙。李开先归田后刻其诗文《闲居集》十二卷，又附刻张小山、乔梦符小令于集后，即此刻。又尝见开先自作传奇《宝剑记》，亦同此板式，当亦同时刻。张、乔二小令有盛名，黄荛圃数跋之，称李中麓词山曲海，因自号所居曰“学山海居”。此本残存下卷，白棉纸印本，得之孙实君许。孙得残本多种于刘氏，多宋刻本，余独得此本归。前有蒋孟蘋印，又其姬人小印。余闻海昌许氏谈蒋穀孙掌故甚悉，因跋此卷尾。孟蘋得宋刻《草窗韵语》最有名，因自号所居曰“密韵楼”也。

《盂兰梦传奇》一卷、《珊影杂识》一卷

道光刻。严保庸撰。前有小景。此悼亡姬所制，附工尺谱，颇罕传。徐乃昌藏书，石麒介以归余。同来尚有清刻女史集不少，皆精。

《唐黄御史集》存卷一之六

崇祯十一年二十二世孙鸣乔等刻本。八行十八字。白口，左右双边。前有洪迈序、谢谔序、曹学佺序。收藏有“朱彝尊锡鬯父”白文方印、“某会里朱氏潜采堂藏书”朱文长印、“马玉堂”白文方印、“笏斋珍藏之印”朱文方印。此唐监察御史莆黄滔撰，余别藏汪阆源藏正德翻宋本。此残册石麒携来，以是竹垞旧物，留之。全书八卷，附附录。

《欧阳四门集》八卷

万历刻本。棉纸，精印。订四册，失其一册。海虞瞿氏物，郭石麒携来。卷中有何义门、严长明藏印，精妙绝伦，不以残帙弃之。老辈收藏，绝不草草如此。余箧中别有明人竹纸抄白全本，为古香楼汪氏旧藏。

《世说新语注》三卷

嘉靖嘉趣堂袁氏翻刻宋本。此是名书，余先收一帙于嘉业堂，惜牌记损其小半，影钞补完，未为浃意。后石麒又以

一本见售，棉楮初印，“吴郡袁氏宋本重雕”牌记宛然。通体加朱，有“得一居藏书”白文大方印，遂留此而易去前收之册。余百嘉书藏中物，必求精美无憾，多聚复本，展转抽换，亦书痴之一征也。

《后汉书》一百二十卷

嘉靖汪文盛刻本。皮纸，初印。精绝。订十厚册，书根旧式，亦明人书。有赵氏旧山楼藏印。庚寅得之沈氏鸣野山房后人。此亦明刻中之名物，欲重求汪刻《前汉》以俪之，于绍樵许得一本，厚棉纸，已是万历中印，不浃意也。又于京都厂肆得残本一叠，腊笺覆面，每卷一册。尤可异者，每卷前割去汪氏衔名一行，补以棉楮，上钤季振宜长方单行收藏印记，真而不疑。岂延令季氏亦作此狡狯耶？后更于北京西单一肆，得汪刻《前汉》序目一厚册，却是磁青面包背装，割衔钤印，皆与前得之本无异，而目前一叶，沧苇巨印三方赫然俱在，万无可疑，至是而季氏割款充宋之案始定，而作伪者不必尽出书估。《延令书目》所著宋板，不经目验，亦未能便信矣。包背装当是季氏旧装，后人得之更重装之，以一卷为一册，是欲求册数之多也。然腊笺极旧，亦非乾隆以后之物。

《佳趣堂书目》

旧抄白本。此陆漻其清藏书目，抄手颇旧，无藏记。石麒所售。传本不多，往往有奇秘之册，未见之书，乾嘉中小名家书目，可贵在此，不必以宋元苛求之。

《知圣道斋读书跋》

旧抄本。有“长塘鲍氏知不足斋”“老屋三间赐书万卷”等三印，得之徐汇唐氏肆。此影抄南昌彭氏家刻，原刊余亦有之。此非秘书，不知当日以文何以重抄之。

《裘杼楼书目》

旧抄本，当在乾隆中。戊子秋日，得于汉学书店郭石麒许。一日过市，见有旧书两册，方付装池，一汪沆《小眠斋读书日札》，劳季言校，一即此书。石麒告为西谛所留，未允售余。时西谛远在京师，音问不通，终归余有。此册始于宋人文集，终于总集，后附大字写王阮亭书目二叶。有汪氏后人手跋二行。开卷有“日在画楼西畔”白文方印等三印，似旧存即只此数，不知何也。汪氏藏宋元明人集至富，以视同时文瑞楼金氏，未遑多让。不著抄刻，亦当时格式。余得汪氏所藏最多，宋元人小集约数十种，多半旧抄，而以此目之来先之，殆有宿缘。汪氏印记，裘杼、古香俱有之，亦不知碧巢、季青兄弟当日藏书分庋两地，或共在一楼也。

《李翰林诗集》

嘉靖刻本。九行十六字。白口，左右双边。板心上题“李翰林诗”四字，每卷前有目，卷首大题后并题“唐李白撰、明方釜校”。卷尾下端长方牌记云：

嘉靖己酉
夏日白谷
山房梓行

细薄皮纸，精印，刊殊雅饬。卷中偶有墨丁，又多著异文，云一本作某字。明刊白文十卷本最罕，此本别未见著录者。卷中有明人墨笔评，又有“京庵”朱文小印，俱不知出谁何手。癸巳八月，得于传薪。

《江村筒寄》四卷

崇祯刻本。佚去第三卷。此茅元仪辑刻友朋寄鹿伯顺书牍，江村则鹿氏所居也。前有孙奇逢等三序。全目尚在，通计姓氏约近百人，知名者十之二三，大抵崇祯初清流人物具在。伯顺于晚明党局，为清流眉目，所居定兴，在东师入侵冲要之地。东夷、党祸，皆在事中。所收诸札，皆有关朝政兵事，在在皆是史料。稿出私家，绝少避忌，往往论一事，记一案，长笺短札，委曲周至。合此四卷，不啻三朝小史也。书无著录，亦逸出禁網，真可谓书林中之隐逸矣。刊刻与汲古他种并同，必为毛氏所刻。止生有《石民四十集》，亦毛子晋刻，此书当同时开板。丁酉冬日，来青阁得谢光甫遗书百余种，此为北估弃余，实其中白眉也。北去诸籍中忆有《吴日千集》之康熙刻本，甚罕，追之不及。时余亦书兴阑珊，总付云烟过眼而已。五年后有重刊《徐光启集》者，于此中摘三书付之订入。

《雨泉龛合刻》

清初刻本。狭行细字，巾箱小册，犹有晚明风致。不分卷，以诗体类次。女史季娴撰，振宜姊氏也。泰兴季氏于明末为巨富。寓庸，字因是，天启二年进士，官吏部主事。子开中、振宜，先后登第，官科道。归庄谓四衙门贵要，季氏有其三。寓庸名在逆案，振宜藏宋板书有名。康熙九年，振宜夺职归，未几没，其业渐衰。丁酉秋日游吴下，文学山房估人汪氏告，于泰兴得季氏所藏余烬，余芬残馥，扫数买得。中有唐诗一叠，云是沧苇手校付刻样本，中夹小笺，为当日商榷雕椠事宜所书，亦振宜手写。所望甚奢，未能得。只收此两小册归，价亦不廉。娴后归李氏，有子官于外，集中有寄子诗不少，并附诗余，亦清初闺集名物也。

《余园诗钞》六卷

乾隆写刻本。缪沅撰。沅，字湘芷，一字澧南，泰州人。康熙四十八年进士高第，官至刑部侍郎。雍正七年卒，年五十八。此集于乾隆十年其子所集刻，板毁于火，以是罕传。此集亦文学山房汪估所售。诗颇清丽。扉叶题“葆素堂藏板”。

《在亭丛稿》十二卷、《咏归亭诗》八卷

乾隆刻本。长洲李果撰。果，字硕夫，号客山。早岁弃

童子试，入官舍傭书，养其大母。及长，以文誉为督抚掌奏记。曾客扬州巡盐李煦，煦为曹寅姻娅，遇果甚厚。煦败籍没，果即杜门不复出，为撰长传。此为言楝亭曹氏故事者所未知。曾寄周汝昌兄录副，叹为佳史料。又有记杨安城补臂图诗，记清初流人之在黑龙江者祁奕喜辈故事。集中诸文，多有关涉明清易代史事者，最为名集。诗集共七集，《石闾集》早岁居石里所为诗；《竹亭集》客扬州作；《溪堂集》买屋葑溪红桥奉母时作，时仍往来扬州；《莱圃集》重归石里，割李氏园，灌畦养母时作；《蒿庐集》移家后作；《东楼》《舫斋》两集皆晚年诗。乾隆十五年卒，年七十三。身后沈德潜为删定其诗，其有关当时史事之作遂不可见。德潜与果同出横山叶氏之门，然贤不肖相去远矣。此书籍之灾厄出于水火兵虫之外者。

《宋史岳飞传》一卷、《岳忠武王庙名贤诗》一卷

元刻本。飞《传》为元刊《宋史》之一卷，抽印别行。《名贤诗》约三十许叶，刻法不一，其最初数叶与《宋史》行格风气并同，即雕工之金子中亦两见之，可证为同时同地所刻。其后陆续付刻，行格、书手、刻工非一人一时之作，或细丽，或粗犷，间有修板之处。至所附精忠庙碑记数通，则纯为松雪翁书，雕工更妙绝。是此《名贤诗》一卷，无异元刻集粹也。诗前大题下有“住山僧可观集”一行，卷尾有“己卯菊月僧高会重集”一行。田汝成《西湖游览志》及瞿宗吉《归田诗话》皆记岳坟题咏，与此集所收并同，盖皆出

自此书，而皆不及此书之名，因思此书为当日褒忠演福院僧辑刻以赠游人者，非高文典册，是以不援据之耳。诸诗皆宋元人撰，有高则诚、贯酸斋作，赵子昂作亦收入之，与“如公更缓须臾死，此虏安能八十年”并在集中，真可感慨系之。此诗之存，可证最后辑补当在元亡之后矣。黄棉纸精印。卷前有图记三方，“小山堂书画记”朱文方印，“安乐堂藏书记”朱文长印，“鲍以文藏书记”朱文长印，古香袭人。二十年前徐绍樵弟子张某收得于淮上人家，视为奇物。余摒当所有，又假于友人，乃得买归。原书有“声庵赘笔”原跋一叶，疑己卯为建文元年，书当是明初刻。张某恶其不以为元板也，谋去之，已撤下矣。余笑谓之曰，元板未必可重，吴兔床有千元十（架）［驾］，譬之驽马，而建文刻本，并世所藏，宁有数本。因索还重装附入。声庵不知何人，其所云己卯为建文纪元亦不诬。特不知初刻于元代，与《元史》同在西湖开局，遂不能释此疑也。诸家书目皆未著录，只吴县曹元忠曾有一跋，所见为内阁大库中书。元忠亦未能析板刻时代之疑也。后游京师，访斐云于北海，出所藏此书三册，皆蝴装。盖自明初以来，深藏密锁，人间不得闻知。曹元忠始见之，以为秘册。余此本不知何时散落人间，或出于武林坊市，而为赵谷林所得，未可知也。仁和赵氏藏书流转最稀，三十年来惟得此本。

《白下集》

罗聘手写稿本。竹纸，黑格。卷前有“金氏竹簃”白文方印、“懒云草堂藏本”朱文方印。丙申冬日，重游滇南，寓翠湖之滨浃月。暇辄访书，然佳册则绝少也。篦子坡前有小肆，距所居最近，门对五华山，“永历帝灰骨处”小碑即在肆外，因知其地实“逼死坡”。余于其肆得康熙旧抄滇人诗一册，不忆其名矣，持赠翠湖图书馆。市场侧有旧纸铺几家，小楼一楹，积书充栋，皆断烂不完。尝破数日闲翻阅之，未能竟也。得雍正刻《云龙州志》残本一册，亦为孤本，亦以赠翠湖图书馆。又得黄琮诗稿毛订六册，旧抄《醉墨轩诗》一册，稿本，前有秀水钱载题诗。又一肆在云瑞街，主人年七十矣，居小楼上，肃余登楼，见所藏书皆清乾隆中写刻之本，绝无好书。最后始于枕中出书三册，重重包裹，此为其一。知为两峰山人手写之本，枯干老瘦，正原迹也，亟以重直买归，以压归装。万里云天，载之同返，大是快事。余早年得两峰《香叶草堂诗存》巾箱刻，疏朗可爱，前有桂未谷嘉庆元年隶书封面。卷尾有道光中金楷竹篠跋，称两峰为舅氏，盖得《诗存》原刻板片，重印行世者。此《白下集》当是两峰身后同归金氏者。诗具刊于《诗存》，只三数诗删去。此戋戋小册，何以流转滇南，则不可知矣。

《通典》二百卷

明人精钞本。存五巨册。约百二十卷至二百卷。皮纸砑腊光致，最良于书式。或蓝格，或黑格，精楷细如游丝，双行者尤端秀可爱。生平所收明人写本多矣，强半写官恶钞，类此者盖少。卷尾有大德王虎英雄甫书后。《通典》宋刻犹存残卷，元刻则无著录之者。尚赖此钞，存其面目。未经细校，不知异同何如。书出甬上，林乔梁以之归余。

《集千家注批点杜工部诗集》二十卷

明初刻，白口本。刊极古拙，如以锥画沙。题“须溪先生刘会孟评点”。皮纸印。有徐紫珊藏印，又吴兴刘氏嘉业堂藏印。戊子得之文海。此余早岁所收书。工部诗异本最多，箧中无宋元刊，明以后刻都二三十本，而以此为最旧。千家注本以元刻为常见，转不如此本之雅饬而罕传。辛卯北行，于济南人家又见一本，与此正同。

《杜律单注》五册

嘉靖济南刊本。板心下有“景姚堂”三字。皮纸，明人包背装。五册。有“济南王士禛印”白文套边长印。池北书库书，流传绝罕，乙未得旧本数十种于吴兴俞氏，阮亭旧藏有二种，《大明集礼》之经厂本及此书也。此本与芙蓉泉书屋本《韩诗外传》为同时同地所刊，而结体大异。此本刊工枯瘦劲削，介于宋体与写刻之间，为嘉靖中山左刻板常见风格，而《外传》则宛然中吴雕板也。以是知纯以板刻风趣断时代地域，殆不能无误。

《杜诗》八卷

嘉靖刻，白文本。刻甚古拙，每用奇字。板心下有“净芳亭”三字。棉纸，两厚册。卷前“阳城张氏省训堂经籍记”朱文长印。九峰旧庐故物，徐绍樵得之售余。前有序一叶，读之知为许宗鲁刻，与所刊宜静书屋本《国语》《尔雅》等风格颇近，皆明中叶关中开板。此本流传甚稀，估人每灭去前序，以充旧刻。向见江松韩氏书目，即列此为宋板，且取一叶以为书景。老辈藏家往往无目，盖非只此一事而已。

《杜律赵注》二卷

嘉靖刻，棉纸印本。写刻不甚工致，前无叙目，不知是金李刻本否。卷前有“豫园主人”白文大方印，明人印也。疑是上海邑园潘氏所藏，因收得之。书出富晋书社王氏，价奇昂。北估之狠而狡者，莫如王某。二十五年前日以书一包由伙友示余，价较他家倍昂，而书多通常习见之本，如天顺刻《读杜愚得》、明初刻《瀛奎律髓》，芙蓉馆本《楚骚》等，余皆勉收之。久而无佳册，一日示以《隋史遗文》，棉纸初印本，前附精图，而铭心绝品也。索黄金五条，余家无一屑金，无从措置，遂谢之，后书亦不更至。

《李杜律诗》二卷

嘉靖刻本。白棉纸，一厚册。得于吴下护龙街书摊上。前无序目，首半叶有牌记，四周加边，小字十数行，大类广告。文字粗俗，其下亦无书坊姓氏。后半叶即接正文。先李后杜，各为一卷。白文，无评注。卷中蓝笔圈读，明时人阅本也。此亦明刻坊本之一式，余百嘉书藏中之别格。

《杜律虞注》

清初刻本。竹纸，一厚册。大字写刻，殊精雅，微近松雪翁而俏劲。前无序目，不知何时何人所刻，然必不在顺康以后。卷首有陆蕡香藏印甚精，得之海上书林。

《谰言长语》

正德刻本。明曹［安］撰。此明人笔记异书之一，《千顷堂目》之外他未见有著录者。白口，小字写刻。棉纸，一册。

《晁具茨诗集》一卷

嘉靖晁氏宝文堂翻宋本。小字写刊，卷尾有黄汝嘉校刊牌记一行。棉纸印本。有宋兰挥小印二方。亦乙未岁晚所得吴兴俞氏群书之一。余后更得一本，与此全同，然非一刻，清初翻刻本也。竹纸印，有“南昌彭氏”“遇者善读”“知圣道斋”等三印。书囊无底，信然。

《初唐诗》三卷

嘉靖刻本，存卷下一册。棉纸初印，极精。有明人藏书印记十许方。得之吴门书肆。此亦罕见之书，不见于藏家簿册者。

《稼轩长短句》　卷

嘉靖济南刻本。大题下双行题“宋辛弃疾撰、明王诏评”。前有　序，大字行草。棉纸，存三册，佚去一册　卷。石麒挟来售余，为沈氏海日楼物。有“癯禅”白文方印等三印。此亦名书，从元大德广信书院本出。四十年前元本尚在海源阁，毛抄景宋四卷本亦未重见人间，则此为辛词最旧之本，流传稀若星凤。则此虽残帙，亦自可喜也。

《笠泽丛书》四卷

雍正顾氏刻本。余得此书凡三本。最初得一本少后印，前尚存扉叶，题“碧筠草堂藏板”，陈仲鱼旧藏，有仲鱼图（象）［像］、“简庄艺文”“得此书费辛苦后之人其鉴我”三印。后又得一宣纸最初印本，真所谓纸白如玉，墨凝如漆者。卷端阑外下角钤一朱文小长印，精绝，文曰“中吴顾楗手校藏书”，因知此为顾肇声所刻，初印精本，始钤此印。未几又于萃古斋见新收常熟翁氏所藏一本，极初印，用皮纸，书品阔大盈尺，乃更得之。会西谛自湖上来，见之，告此次访浙江省图书馆，主人告新以重直收得元板此书，实即此本，而抚印且远不及。告以此非元刻，为人所愚，犹不敢信。今乞以此本付我，即以持赠之，如何？余欣然诺之。丁酉春余过武林，过馆观书，见此四册犹在案头也。

《缙云先生文集》四卷

秋声馆抄本。竹纸，墨格。半叶十二行，行二十四字。白口，单边。板心下有“秋声馆抄”四字。前有“嘉靖十有二年岁次甲午秋八月哉生明赐进士出身中宪大夫四川按察司副使奉敕抚治夔重施瞿等地方仙居圭山张俭刻缙云冯先生文集序”，次目录，卷尾附古城冯侯庙碑，（骞）［蹇］驹撰。又嘉靖十二年重庆府推官李玺刊书呈文。收藏有“坦臣”朱文小长印、“秋声馆藏”朱文方印、“汪鱼亭藏阅书”朱文方印。写手精妙绝伦，康熙中写刻之书，精妙者皆此类也。案符之恒，字圣几，号南竹，仁和人。有《秋声馆吟稿》一卷，樊榭序之，书后附汪沆拟《权厝志》，称其生康熙四十五年，乾隆三年殁，年三十有三。南竹为樊榭弟子，小诗一卷，友朋投赠，有符幼鲁、吴尺凫、丁敬身、汪沆、杭世骏、龚之镠、戴炳、张熷、王曾祥、汪浦、潘启贤、唐枢、周文贵、杭世瑞、徐逢吉、杨之才、周天度、陈皋、陈森、吴颖芳、吴城、施安、施廷枢、孙庭槐、孙庭兰、沈廷瑞等，一时文士，多有往还。此册不知果出南竹手写否，其写成当在康雍之间也。藏书家绝无其书，是宋人别集中罕见之本。结一庐目中所著即是此书，惟绝无朱氏一印，为可异耳。集宋冯时行撰。时行，字当可，四川璧山人，嘉熙间登状元第。遗集明时已佚，李玺访得五十五卷于其乡，校选得十八卷刊之，计百四十板。买板、刊匠工食共该白银九两八钱，可见当时物力之廉。此抄本原不分卷，先之以诗，次为启、墓志、题跋、乐府，今本题跋、乐府不存，然原装即已如此，非缺佚也，岂当日所见即是残帙乎？癸巳秋日，约小燕作湖上之游，余先到，即访书于宝贻斋，买得此本，至为得意。宝贻斋主人某氏颇知书，亦可谈，不似杭州他肆之恶俗狡猾也。曾于其肆得《域外小说集》一、二册之东京印本，又曾以顾千里校《扬子法言》等四种挟沪售余。壬寅重游湖上，于湖滨新市场中又见之，尚忆此书，娓娓道之，已似白头宫女之闲话玄宗矣。

《解颐新语》八卷

嘉靖刻本。白绵纸，最初印。椠印精丽，夺人目睛。庚寅得之孙实君许，价颇不廉。实君告予，此为明人诗话之单刻者，最可重。后收入《诗话丛编》，非其全矣。归而检书，皇甫汸有集，此诗话八卷，藏书家无著录之者，唯见明徐氏《红雨楼书目》有一跋耳。后更闻孙助廉告，书出天津巨家某氏，售所藏书，呼厂估估直，凡历数肆，屡估而愈减，其家大怒，尽售之纸铺，而仍为书估所得，高价别售。此亦书林逸话。

《西溪丛语》二卷

嘉靖鵜鸣馆刻本。棉纸，一册。此为嘉靖刊本中名物，《涵芬楼秘笈》所印即此。郭石麒携来售余。后又得一本，亦白棉纸印本，有南村陆氏藏印，嘉定陆廷灿藏书。

《西溪丛语》二卷

嘉靖鸫鸣馆刻本。残存卷下。天一阁旧藏。林集虚售余者。棉纸最初印，书根亦范氏旧写。取校旧藏一本，虽同是鸫鸣馆刻，然却非一板，行款不尽同也。余买书不弃丛残，不厌副本，往往有未见之书，即通行之书，亦有人所未知之特异处。不加比较，不能知也。

《哂园杂录》

旧钞本，十行廿八字。首叶即起"吴平西"条，别无书名，此大题四字则得之册中者。卷前有"包虎臣藏"朱文小方印。写手甚旧，在康熙以前。哂园为温睿临别号，此册当是撰《南疆逸史》时资料长编，所记晚明史事，多异于他书。凡四十四目：吴平西、马宝、西陲纪略、吴启爵开黎事、尚平南、蔡仁庵、梁三、何傅、王妃死节、李相如、钱法、韩大任、刘大胜、饶州兵变、黔苗、孝妇、白猿、来园、牛神仙、宋节妇、取鳇鱼法、孙率礼、张煌言、周宗彝、徐昭(发)［法］、章正宸、沈孝子、唐烈妇、烈女、李长祥、徐云吉、三魏先生种兰、张刘李丐诸仙、姚启圣、崔星海、王础尘、耿精忠、寿山石记、郑芝龙、陈启春、施福、遗史阁部书、史阁部报书。全书五十番。辛卯初春，杭估于故家得书不少，皆有包子庄印记。陈某转贩来沪，余得数种。书估言书遭水湿，卷尾多撤去数叶，颇疑当有荛翁跋尾之书，遂不可见。尤佳者旧抄《马石田集》，有王贻上手跋，《河东柳仲涂集》有惠定宇、陈西畇藏印。后游湖上，尚时见故书之有包氏印记者陈于市肆。

《倘湖樵书》 卷

清初刻本。前有毛西河序数通，皆手书上板。来集之撰。集之，字元成，号椎道人，又号倘湖樵人，萧山人。崇祯十三年进士，明亡，以遗老终。鲁王时以兵科给事中监兵长河。所撰有《倘湖近诗》二卷，又有小曲名《两纱》者，流传甚少。此笔记之巨编，每拈一题，必详列古今书史有关记载，从而论列之，往往数千百言。惜未细读。此本郭石麒所售。又一年于湖上买得卷一残卷一册，极初印，前无序。取对旧藏，板刻近似，而内容全殊，文字序次皆不同。不知何故，岂有两刻耶？壬寅游湖上，于松泉阁主人王氏见集之手稿一叠，竹纸墨格，板心有“倘湖”字样，行草甚茂美，亦笔记杂著之类，非文集也。

《弹指词》三卷

乾隆家刻本。九行十八字。上下黑口，左右双边。卷首大题后一行属“锡山顾贞观著，男开陆、孙钟珦校录”。卷前有乾隆癸酉二月之望同里后学杏程诸洛序，称先生之孙仲温重刻《弹指词》成，而属余为之序。此本前扉叶则题“曾孙顾图河宗海、安淮倬汉重镌”，下钤“积书岩藏板”白朱文大方印，又有“华峰”朱文腰圆印。此为梁汾词之家刻本，写刻甚精，然误字尚不少。余曾取清初词总集所录以校此本，异字累累，有通首改易，仅存数字者，当是晚年手定，子若孙必不敢鲁莽至此。改定非关违碍，即偶赋闲情，亦必删易无已，颇有反不及初制之自然者。梁汾词以雍正杜诏所刻为最早，狭行细字，余所收为徐积余所藏之本。此册于甲午残腊得之来青阁，装池精整，有“崍”字朱文一印。

《汪氏说铃》

雍正精刻本。题钝翁自注。刊刻殊精。卷末低二字附跋尾数通，为云中令鲍鈖校刻。周氏言言斋藏书。鲍辛浦颇刊书，皆精，余前后所收凡五七种，有绝不见于著录者，与金寿门、姚世钰交善，其集甚富，曾于文学山房见残本一叠，未之收。箧中只所著杂著两册，有与寿门书，颇可见其时文士画人生活，甚可重也。钝翁此集类《今世说》，然远胜王丹麓之作。所记见闻较真，不由稗贩，文字亦好，皆丹麓所不及。又得康熙中刻一本，亦一卷，刊亦精，因与此册同装。又曾收得《渔洋题跋》一卷，刊刻正同，当出于一丛刻，唯不知其名耳。

《甲申三月纪事》一卷

邵渊耀钞本。竹纸，绿格。板心下有“枕经书屋”四字，后有道光庚寅邵氏跋尾。有“寿泉”朱文长印。

《约言》 卷

嘉靖刻本，薛蕙撰。皮纸印本。天一阁藏书。此为初刻全本，隆庆中《百陵学山》亦收之，删节不完。

《皇明鸿猷录》十六卷

万历刻本。白棉纸最初印。存下半八卷。装池精好。卷中有明人朱笔圈点批注。此高岱撰，明人私史之著名者，入禁网。此五册书原装一函，为徐家汇唐氏纸铺所收日本某学院流出之物，以之见赠。日人在我国所设文化机关多矣，掠去我国善本书籍何许。一学院耳，乃有此种禁书善本，意欲何为？视其装潢，米黄高丽纸作面，宣绫包角，为厂估所治无疑。因思助纣为虐者皆此辈。孙殿起撰《书肆三记》极详，惟不记孰为洋庄健者，国家罪人，则为亲者讳耳。后于姑苏又得残本一册，棉纸阔大，乃仍是九卷以后之书，终不能完。今并此亦失之矣。李木斋书目云是嘉靖四十四年高思诚刻本。

《夏小正》一卷

乾隆刻本。戴德传，金履（详）［祥］注。九行十八字。白口，左右双边。板心下有“养素堂”三字。题“济阳张尔岐稷若辑定、北平黄叔琳崑圃增定、海虞顾镇备九参校”。前有乾隆十年黄叔琳序，次张尔岐原序，次凡例。收藏有“士乡堂藏书”朱文方印、“中鱼”朱白文连珠小印、“南湖徐氏藏本”朱文方印、“谷水紫来阁徐氏印”白文长印、“光济读”白文套边长印。丁酉早春，徐绍樵于峡石人家得旧本多种，皆有吴兔床、陈仲鱼两家印记，余买得甚多，此其一也。

《禄嗣奇谈》一卷

嘉靖刻本，棉纸印。约十数番。题冲一真君撰，为道家之书。末有符箓之式，所谓鬼画符之类是也。林集虚携来天一阁旧藏书多册，此亦其一，索重直以去。万历中周履靖刊入《夷门广牍》中。

《鹤林玉露》十八卷

嘉靖刻小字本。棉纸初印，精甚。早岁得于吴下。纸白如玉，映日视之，闪闪有金屑。此为明代佳刻。万历中亦有一刻，远逊此本。

《广舆图》二卷

嘉靖刻本，残存下卷。棉纸大方册，初印。林乔梁所售。此书为明罗洪先辑，有胡松补辑之嘉靖刻，不知即此本否。卷二开卷即《九边图论》，前有嘉靖甲午灵宝许（纶）［论］识语。九边者，辽东、蓟州、宣府、大同、偏关附宁武、雁门二关、榆林、宁夏、固原、甘肃也。各置总兵以镇之，所以御西北蒙古、东北女真。论父进，仕至兵部尚书。论少好谈兵，其序云："去岁十二年癸巳移任职方，复涉戎务。每及利害可否之际，不容中默。闲中乃摭拾旧闻，参以时宜，著边论九篇。虽不足以当经济之业，亦可以广机权之变。卷而藏之，用纾壮年之志愿。封疆延袤，山川险易，道里迂直，城堠疏密，据形审势，计利制胜，非图莫见也。于是作《九边图》。”论因习边事，曾官顺天巡抚，后官至兵部尚书。其所论说，有关明中叶边防者甚巨，亦中国古舆图之名作也。此刻以后，晚明有闵刻朱墨本，清徽人鲍氏《后知不足斋丛书》本。

《金粟逸人逸事》一卷

乾隆写刻本。八行十八字。白口，左右双边。前沈廷芳序。次小（象）［像］（象）［像］赞，秀州蒋元龙题，吴趋陆绍曾书。卷尾乾隆戊子钱人龙跋。此朱笠亭琰所撰张燕昌小传，卷末有双行篆书牌记云“剞劂氏王景桓”。余此本附订于《竹云题跋》之后，似为同时所刊也。

《于东集》

乾隆刻。小字写刊甚精。沈廷芳撰。为椒园奉典试之命纪行诗集。戋戋小册，得于书肆架上，甚以自喜。椒园不知别有集否。余于藏书家集每见必收，几于依叶氏《纪事诗》按目而索，所得甚富。旁及画人，是亦收藏之一径，向未见之它家目录者也。

《杨升庵诗》五卷

嘉靖刻。六行十二字。白口，四周双边，双鱼尾。板心中题“升庵诗卷几”，下记叶数。皮纸，极轻细而韧。行草上板，刊工甚古而佳，字画转折，锋棱毕现，明刻中之精品。存四、五二卷。天一阁藏书，书根题“升庵诗下”，知原订三册，阮元《天一阁目》云“书用六行，字俱行草”者是也。六十年前盗入天一阁，失书数千种，此本出而失群，为南陵徐氏所得，拆出卷四，重装一册。癸巳腊尾，余得之来青阁。又一年，温知书店载徐氏所藏余烬入市，余更收卷五散叶，存十番，而失其第一叶，遂重装为一册藏之。此本写手绝精，必非钞胥所为，疑是慎自书诗卷。卷四起己卯九日，后又有庚寅九日、丁丑九日原注当在前三字、辛巳新正诗，癸未除夕诗。卷五有寺中春斋诗，下注癸未，嘉靖二年也。知此必非编年诗矣。诗后间附评语，出张玉溪云、方云、张禺山曰。慎以嘉靖三年秋七月被杖戍边，来居滇南，因刻此卷。惜卷一不存，不能知何人何时所刻，然其必为滇中开板，则可无疑也。

《七颂堂识小录》

旧钞本。竹纸抄白。写手甚旧，当在清初。有翁方纲手批，行草书甚茂美。得之汉学书店。此颍川刘体仁公𤋮撰，为言书画（牌）［碑］版著录名书。虽只小册，所记皆可观者。体仁集之康熙刻者，亦曾于古董铺中一见，惜未之收。

《托素斋诗集》四卷、《文集》六卷

康熙写刻本。长汀黎士弘媿曾撰。开花纸最初印，得之徐绍樵许。有法时帆藏印约十许方，诗龛中珍重收储之书也。诗集四刻，刻各一卷。文集三刻，刻各二卷。媿曾，顺治十一年举人，官灵夏道。在师旅中八年，诗多记事。又撰《仁恕堂笔记》，刘喜海为刻之，余亦收一本。

《沚亭自删诗集》一卷、《沚亭删定文集》二卷、《汉史臆》二卷、《颜山杂记》四卷、《南征纪略》二卷

清初刻本。益都孙廷铨撰。廷铨，益都人，崇祯十三年进士，官永平府推官。顺治元年迎降，改天津府推官，后至秘书院大学士。此集刻各不同，非一时所刊，后乃汇为全书。刊不工，山左刻印之书，类如是也。有皖中张师亮笃素堂藏书印记。《颜山杂记》记益都风土，文颇雅饬。《南征纪略》中有记祁氏寓山故事者，余采入《远山堂事辑》中。

《瓜庐诗》

旧钞本。宋薛师石撰。师石，字景石，永嘉人，为四灵之一。王东谷曰："瓜庐尝为予言，诗唯恐其不空远。空易到，远难及。故其诗大概趣极淡，意极玄。予犹记其游雁山，有'半洞容千佛'语。"东谷数语，足概宋末小家风貌。此册精写，有印记曰"当湖小重山馆胡遂江珍藏"，得之石麒许。

《砚林诗集》四卷

嘉庆刻本。丁敬撰。刊刻精雅，而非其全，后泉唐丁氏遂更有补逸。此本后附子传等诗数叶，亦林乔梁所售，颇罕传。

《琴楼遗稿》

旧钞本。钱唐张槎云撰。有四明卢氏抱经楼藏印。卷前有山阴商景兰序，卷尾有山阴朱德蓉、赵璧后序。二序撰于康熙丙辰，眉生已七十二，班孙遣戍出关亦十六年。二序所记山阴祁氏故事，最堪珍重。偶得之估客书包中。

《近体乐府》三卷

天顺刊。为《欧阳文忠公集》之卷一百三十一之一百三十三。半叶十行，行二十字。黑口，四周双边。每卷后附考异，每题作阴文，下双行著出处、异文，卷三尾有跋二通，考欧词流传，杂见真赝，校正缘起末属“郡人罗泌校正”。皮纸一册，抚印甚精。南陵徐氏物。癸巳残腊，收于海上。集刻旧本诗余，汇成丛刻诗余，一二大家外，多不单行，遂抽取全集中数卷刻之。此事始于钱塘吴氏双照楼，积余则师其法以收明清词刻，余所见不下数百种，皆于别集中抽出者也。徐藏诗余后归林子有，乃取以汇订成册，每册有多至十种者。余收得不少，其中固不乏绝罕遇难求之物。此明本欧词，亦是此意，惟所见只此一种耳。

《补汉兵志》并注

乾隆刻本。十行二十字。白口，左右双边。前有门人奉议郎知江州瑞昌县主管劝农营田公事兼买纳茶场陈元粹序，时在嘉定甲戌。次补汉兵志纲目，亦元粹所补。后有嘉定乙亥端午日门人奉议郎权淮南路转运判官兼淮南东路提点刑狱公事池阳王大昌跋，跋后双行云“大昌于是年九月，锓板漕廨，益广其传”。以上是原本。更次为朱彝尊跋，又乾隆三十四年己丑五月秀水盛百二跋。卷前扉叶有牌记，篆文双行，云“乾隆己丑仲夏般阳书院开雕”。此本所据是百二所藏竹垞本，竹垞则从钱曾也是园藏本抄出，是必影宋旧抄也，更得李南涧、高木欣校勘付梓者。文子，字文季，绍熙三年由上舍释褐出身，以吏部员外郎兼国史院编修官，历宗正少卿，退居白石山下，自号白石山人。此书之作，以宋南渡后兵食冗滥，以汉制不失寓兵于农遗意，而班史无志，因以补之。言近旨远，非高谈性命之学者所能括也。竹垞之言如此。收藏有“旧雨草堂”朱文长印、“李氏藏书”朱白文方印、“冬涵阅过”朱文方印。

《补汉兵志正讹》一卷

乾隆刻。题“嘉兴王元启述”。十行廿一字。上下黑口，左右双边。卷首大题，次行接序文，下即接正文，通十六番。后附装《惺斋王先生墓志铭》，翁方纲撰，与前书合装一册，封面墨书“训真书屋合装”。丙申七月，得之来青阁，南陵徐氏书。

《三冈识略》存卷三之五

黑格旧钞本。十行十九字。黑口，大题下属：

华亭董含著一字阆石，一字榕城，别号蓴客。

《三冈识略》存卷八之十

旧钞本。九行十九字。题属同前。末附“莼乡赘客自述”。此书前后得两残本，写手俱旧，在康熙中。尚缺卷一之二、卷六之七等四卷。传世甚稀。孝慈堂目有一十卷本，与此正合。卢元昌、沈白序跋。《贩书偶记》所著一本十卷，补遗十卷，续略二卷，续补遗一卷，不知何以有如许卷帙。所记多言神怪报应，见识卑下，然终不可废。江南奏销一案，清初人著述多讳莫如深，唯见此书。其他如李笠翁、天主教、宋荔裳、松郡大狱、启祯诗选、何良俊世居柘林墓为后人所发、朱方旦等事，皆可资考证。又记明末嘐城严衍撰《通鉴补》四百卷及云间著述，皆可供目录学参稽。其记云间著述云：

> 本朝以来，吾郡著书者绝少。以予目之所见，则有顾贡生开雍有《滇南纪事》一卷，王贡生沄有《纪游草》四卷，宋副宪徵舆有《金刚经注解》三卷、《东村纪事》一卷，卢先生元昌有《分国左传》十六卷、《杜诗阐》三十四卷，诸进士嗣郢有《九峰志》十卷，范文学彤弧有《绣江集》二卷，林贡士子卿有《通鉴本末》一百卷，许观察缵曾有《日南杂记》二卷。

前尘梦影新录三卷　甲寅春三月初纂，六月初一日重纂竟。

四卷目次

《艺文类聚》一百卷嘉靖平阳府刻　缺

《青溪诗集》二卷嘉靖刻　缺

《柯家山馆词》三卷附《补逸》嘉庆刻　有元照私印、香修小印

《佛尔雅》八卷周春　乾隆刻　韩小亭藏

《猫苑》二卷咸丰刻

《赐余堂集》七卷钱士升　乾隆刻

《东江集钞》九卷沈谦　康熙刻

《屈宋古音义》三卷万历刻　罗以智、梁处素藏

《泛桨录》二卷黄钺　乾隆刻　附《画友录》二卷　费寅钞本

《春融堂集》卷、《杂记》八卷嘉庆刻　陈仲鱼校藏　吴兔床题

《白云集》卷乾隆刻　叶润臣藏　杭人张绣虎撰

《小跛翁纪年》乾隆刻　万经自作年谱

《钱辛楣年谱》嘉庆刻　吴骞校

《六朝文絜》四卷道光刻　墨印本

《三百词谱》四卷康熙刻

《说文凝锦录》二卷万光泰　嘉庆刻

《消夏录》二卷黄任　嘉庆刻　鸣野山房藏

《野鸿诗的》乾隆刻

《靖康盗鉴录》清初刻　吴兔床藏印　查岐昌藏

《读书杂识》二卷胡震亨　清初刻

《双崖文集》卷周忱　明初黑口本　缺

《范文正公尺牍》三卷元刻本　顾大有、周九松藏　汪士钟印

《文正公尺牍》三卷嘉靖刻　叶祖仁藏

《邗江三百吟》十卷嘉庆刻

《春华阁词》二卷汪棣　乾隆刻

《冬心先生集》四卷金农　雍正广陵般若庵刻　盱眙王氏藏

《乐游联唱集》二卷乾隆西安节署刻

《竹叶庵文集》三十三卷张埙　乾隆刻　徐紫珊藏

《东潜文稿》二卷仁和赵一清诚夫　乾隆甲寅小山堂藏板

《爱日堂吟稿》十五卷仁和赵昱　乾隆刻

《复古诗》十四卷吴铭道　乾隆刻

《西陂类稿》五十卷康熙刻　有宋荦名印

《纬萧草堂诗》六卷宋至　康熙刻　孙氏蜗寄庐藏

《偶更堂文集》二卷徐作肃　康熙刻

《清风堂文集》二十三卷曾王孙　康熙刻

《腾笑集》八卷康熙刻

《南车草》一卷嘉庆刻

《词综》三十卷康熙刻

《曝书亭集》八十卷附《渔笛小稿》康熙刻

《南疑集》九卷沈季友　康熙刻

《檇李诗系》　卷康熙刻

《挹奎楼选稿》卷林云铭　康熙刻

《秋林琴雅》四卷厉鹗　康熙六十一年吾尽吾意斋刻

《且亭诗》杨思圣　康熙刻　童二树藏

《守城全书》祁彪佳　稿本

《山阴祁氏乡会试朱卷》祁承㸁、祁彪佳　原写本

《今乐府》二卷吴炎、潘柽章　清初原刻

《符山堂诗》山阳张致中　清初张弨手写刻

《杨名父早朝诗》岱翁篆　嘉靖高唐王府刻　天一阁藏

《仙传外科秘方》万历万花居刻　缺　天一阁藏　范汝楠印

《皇明诏令》二十一卷存四册嘉靖刻　傅凤翔辑　郑晓凝云楼藏

《皇明诏敕》存二卷嘉靖刻

《民抄董宦纪略》旧钞　刘彦清印　孙毓修校跋

《八唐人集》崇祯汲古阁刻

《李义山诗集》六卷嘉靖刻

《李义山七律会意》四卷姚廷谦　雍正刻

《绿窗女史》明刻　缺　顾湘舟藏

《九灵山房集》存二十四卷旧钞　鲍以文校

《石联遗稿》八卷万历刻　残　沈沦撰

《敬事草》卷孔贞运　崇祯刻　缺

《翁山文钞》十卷薛熙评　康熙刻

《五国故事》旧钞　璜川吴氏藏

《三楚新录》旧钞　璜川吴氏藏

《钓矶立谈》旧钞　袁漱六藏

《明月诗筒》康熙刻

《黄叶村庄诗集》八卷吴之振　康熙刻

《花村谈往》旧钞　戴醇士藏

《研堂见闻杂记》旧钞

《元氏长庆集》存十二卷明兰雪堂铜活字本

《杲堂文钞》六卷、《诗钞》七卷李邺嗣　康熙刻

《查浦诗钞》十二卷查嗣瑮　雍正刻

《尺五堂诗删初刻》六卷、《近刻》四卷康熙刻　严我斯撰

《菀青集》二十一卷陈至言　康熙刻

《大观堂文集》二十二卷余缙　康熙刻

《受祺堂诗集》三十五卷李因笃　康熙刻

《赖古堂诗集》四卷清初刻

《赖古堂集》二十四卷康熙刻

《余庆录》徐天衡　嘉靖甲子浙抚徐栻刻　天一阁藏

《苍岘山人诗集》五卷、《微云词》一卷秦松龄　康熙刻

《湖海楼诗集》八卷康熙刻　郭频伽、潘椒坡藏

《湖海楼文集》六卷、《俪体文集》十卷康熙刻

《陈其年词集》三十卷康熙刻

《厝堂集》五十卷、《补遗》二卷、《续集》八卷、《冬录》一卷乾隆刻

《学福斋集》卷沈大成　乾隆刻

《叶忠节公遗稿》十二卷乾隆刻

《圭美堂集》二十六卷徐用锡　乾隆刻

《西河合集》康熙刻　缺

《绿雪亭杂言》敖英　嘉靖刻　天一阁藏

《唐人七言绝句》敖英选　明刻

《榕园词韵》吴宁　乾隆刻　吴骞藏

《宦辙联句》嘉靖刻　天一阁藏

《方壶先生集》四卷雍正辛亥汪栋刻　璜川吴氏、振绮汪氏藏

《七闽游草》程瑞祊　康熙刻

《梅庄文集》张远　康熙刻

《兼山集》十卷杨廷麟　明清之际刻

《乐府原》存十一卷徐献忠　嘉靖刻

《李长吉诗》五卷万历刻

《经锄堂文稿》二卷叶奕苞　清初刻　稽瑞楼藏　曹炎藏

《七经图》万历吴氏熙春楼　抱经楼藏　堇斋昌龄藏

《欧苏手简》四卷明刻黑口本

《金石契》一卷乾嘉中张文鱼刻

《严太仆先生集》十二卷乾隆刻

《秋影楼诗集》九卷汪绎　康熙刻

《匠门书屋文集》三十卷张大受　康熙刻

《朴村先生文集》卷张云章　康熙刻

《樗亭诗稿》十二卷董俞　清初刻

《之溪老生集》八卷、《劝影堂词》三卷先著　康熙刻　缺

《百城烟水》五卷康熙刻　陆蕢香藏

《自警编》明人钞本　缺

《听泉遗诗》三卷李菖　嘉庆刻　士礼居、思适斋藏印

《荛言》二卷黄丕烈　道光刻

《墨表》四卷嘉庆士礼居为嘉兴戴氏刻

《杨太真外传》二卷嘉靖刻　叶石君、黄丕烈藏

《古今注》三卷嘉靖阳山顾氏翻宋本　士礼居藏

《述异记》嘉靖顾氏文房翻宋本　士礼居藏

《幽闲鼓吹》嘉靖顾大有宋板翻雕　“惕甫借观”印　黄荛圃题

《山谷刀笔》二十卷万历刻　缺

《张愈光诗文选》八卷附一卷嘉靖刻　曹溶藏　明善堂藏

《南村诗稿》二十四卷潘高　康熙刻

《江冷阁文集》四卷、《续集》二卷、《诗集》十二卷、《绪风吟》三卷康熙刻

《南田诗钞》五卷康熙刻

《瓯香馆集》十二卷、《补遗》一卷道光别下斋刻

《愚庵小集》十五卷朱长孺　清初刻

《晤书堂诗稿》沈钦圻　乾隆刻

《默庵遗稿》十卷冯舒　康熙刻

《墨井集》三卷吴历　康熙飞霞阁刊

《新罗山人集》五卷华岩　道光刻

《汲古阁刊书细目》一卷、《汲古阁珍藏秘本书目》一卷拜经楼钞本　吴骞校　红药山房、玉玲珑阁藏

《汲古阁珍藏秘本书目》旧钞　钱梦庐批

《爱日精庐藏书志》四卷嘉庆木活字本　刘燕庭藏

《竹汀先生日记抄》三卷何梦华刻　潘椒坡批

《竹汀先生日记抄》二卷光绪滂喜斋刻朱墨套印本

《振绮堂书目》稿本

《归田诗话》三卷弘治黑口本　惠定宇、马半槎、法梧门、韩小亭藏

《诸葛武侯十六策》一卷嘉靖壬辰都司都事河东陈大纪刻　切问斋藏

《晞颜先生诗集》张翥　天顺黑口本　金星轺、汪鱼亭藏

《切韵考》四卷李邺　清初刻　陈仲鱼藏

《人物志》三卷嘉靖刻蓝印本　缪荃荪藏

《咏情草》一卷许自昌　万历刻　许元方跋　许虬校跋　许心扆跋　许自昌、许虬、许丹臣印

《卧云稿》一卷许自昌　万历刻　许自昌、许元方、许虬、许心扆印　许心扆跋

《唾余草》一卷许自昌　万历刻

《秋水亭诗草》二卷许自昌　万历刻　许自昌印

《樗斋诗草》二卷许自昌　万历刻

《楝亭诗钞》八卷、《诗别集》四卷、《词钞》一卷、《词别集》一卷、《文钞》一卷康熙刻

通一百四十四种，甲寅六月初三日盛暑写目讫。

前尘梦影新录四卷

《艺文类聚》一百卷

嘉靖平阳府刻小字本。棉纸初印。原装二十册，有明人藏书印。蓝腊笺，有暗花，用以覆面。裱背所用皆明刻残叶，余揭得正、嘉中刻《井陉县志》棉纸蓝印者一叶，喜甚。存王三省诗数首。王曾刻《人物志》，余亦有蓝印一本。井陉为余出生之地，儿时游钓于斯，旧志无闻，得此一番，慰情聊胜。《类聚》中佚一册五卷，余别有残卷不少，竟无此五卷。荏苒经年，终未补完，而原书亦去，可慨已。

《青溪诗集》二卷

嘉靖刻。存下卷。棉纸。刻甚古朴。此地方诗之属，非金陵之青溪也。有徐钧印。徐晓霞亦喜收残书者，不宥于完缺之见，亦解人也。此本流传甚罕，未能更见，无从抄补。

《柯家山馆词》三卷、《补逸》附

嘉庆刻本。九能此集，余先得一册，只三卷。后又于温知案上见此，卷前钤严元照印，又“香修”小圆印，喜极挟归。卷中又夹有四卷补刻数叶，有德清徐球识语，知为元照病中所寄，刊成而元照已殁，不及见矣。余曾得元照书札词稿数十通于郭石麒许，行楷精妙非常。石麒又曾介以九能手稿《悔庵学诗》见示，为陈乃乾物，匆匆未得，为赵斐云买去。丙申秋晚，又于成都市上得九能小行楷书诗轴，绝精。与桂未谷《明湖送别图》轴同收，皆姚石倩物，余以重直买归。诸物今皆不存，念之怅惘，不能自已。

《佛尔雅》八卷

乾隆刻本。周春撰。刊刻精雅，白纸初印。此书不在《松霭遗书》中，流传甚罕。为韩小亭旧物，钤印累累。春为学甚杂，又颇好事，此书名目极雅饬，然援引未多，亦少胜解，不过罗列佛书名物而已。旧为孙伯绳物。孙与来青阁甚熟，喜收藏古董，而性喜变。初收书画，曾印一画集而弃之；买鼻烟壶，又弃去而买书。不收抄本，刻本亦不收竹纸，而专买白棉纸书。曾得宋板《尚书图》，抚印精绝，疑非真宋，倩来青阁转售，因以归余。后又因来青阁之介，于结一庐得书四种，宋本《花间集》其一也。得意之至，欲付工重装。徐森玉闻之，长跪请止，旧装因未易去。又景写一叶，请荣宝斋为制笺。一日约余过其宅观《花间集》，真奇物也。有席玉照藏印累累。书后景印，风神全失矣。未几而取所藏扫数归之北京图书馆。一日又于车上遇之，询余居址，归而以书目一册见赠。油印小册，书只百数十种，佳者不过十种而已。余又于来青阁见此《佛尔雅》及武英殿聚珍本《后山诗注》，有赵次侯校语，遂携之归。后遂未更遇，不知孙君存殁矣。

《猫苑》二卷

咸丰刻本。黄汉辑。小册，刻殊不精，而罕见传本。见于徐绍樵许，不论价而携归。余喜读草木虫鱼书，而中国著述，类此者少。此小册读之顷刻而尽，殊恨其少，更转增珍惜之念矣。

《赐余堂集》七卷

乾隆刻本。明钱士升撰。目作十卷，八卷以后题“嗣刻”。刻颇精雅。士升晚明为相，未几罢去，集中奏疏及书札颇关晚明政治经济，其见甚大，能推究时弊本源，较就事论事者为长。读此集后可知清流结党所为何事，地主乡宦固不欲朱明之倾覆，思百计救之，然终不可为也。士升，嘉善人，喜刻书。余曾有《逊国之际月表》，即所刻之一。又有逊国之际三书，亦士升刻，皆崇祯本。

《东江集钞》九卷

康熙刻，犹有晚明风气。仁和沈谦撰。当尚有别集五卷，余有近时活字本，以其为词曲也。然诗文俱不佳，亦绝无有关史事之作，盖仅以西泠十子而名重也。又作传奇六种，亦不传。

《屈宋古音义》三卷

万历刻，棉纸印本。陈第撰。得之郭石麒。有罗镜泉印，又梁玉绳等印，盖流转于杭人手者久矣。古书之因收藏增重者，此类是也。

《泛槳录》二卷

乾隆刻，甚古雅。为黄左田视浙学时纪行之作，娓娓可读。其记杭州风景、舟行情状、官场迎送仪制颇详，又记其过甬上时曾登天一阁观书。然则乾隆中范氏尚未深藏密锁、不欲人见也。书旧为徐乃昌藏，后余又得费寅手抄《画友录》一卷，亦钺撰，因附装于后。钺，歙人，所记皆皖中画家，如萧尺木、戴鹰阿等。复斋钞本用黑格纸，适园格子，费氏馆南浔张氏颇久，为校刊丛书，此当为其时所写。

《春融堂集》　卷、《杂记》八卷

嘉庆刻本。传薪徐贾绍樵数从沪西人家买书，所藏皆精好，多考据家言，莫友芝所藏者不少。又有日本刊《皇朝事实类苑》等，明刻则不多。一日又载书入市，余登楼选得若干，后于灶下尚见旧书多种，皆以为下驷者。少翻阅，此书在焉。开卷见有吴兔床题诗余一叶，笔意苍老，晚年书也。又见卷耑有陈仲鱼印四方，亟挟之归。见卷中有仲鱼朱笔细字眉批，兔床亦有墨笔夹签，知书为陈藏，吴氏借读题记也。

此不过清中叶人集，乃有吴、陈手迹，可谓佳书。后一年更于湖上得兰泉《杂记》一厚册，原刊而阔大，有叶润臣藏印。

《白云集》　卷

乾隆刻本。此集亦叶润臣藏书，得之湖上。杭人张绣虎撰。其人清初曾入科场案，《丁酉北闱大狱记略》云，“又有杭州贡生张绣虎，原系光棍，拐妓逋寓京师，惯为拿讹扎诈之枭，从中鼓煽恐吓，藉张、蒋二人为囮，诈得张、李二房考银一千二百两。后流徙尚阳堡。”今观此集，文彩烂然，似非光棍。集刊于百年以后，亦绝未及丁酉狱事，而流传绝稀，几无知者，是可重也。杭州旧肆时有名澧藏书，似身后遗藏乃在湖上者，不可详矣。名澧所藏多清刻名集，明以前刻则未见，其人盖深于书而能读书者。后数十年乃更有徐积余，藏书风气颇同，皆知重清刻，实豪杰之士也。

《小跛翁纪年》一卷

乾隆刻本。小楷写刻精雅，无阑，前有小像一帧。此为万九沙经自叙生平之作，娓娓可读。此类书如传状行略，最易毁失，转益可珍。书出硖石徐氏，徐绍樵得之，多别下斋物，吴兔床、陈仲鱼旧藏之册，往往而有。估人见告，当日吴槎客嫁女之物，尚有数箱，怂恿买之未果，而丁酉事起，不更过问，付之云烟过眼而已。

《钱辛楣年谱》

嘉庆刻本。此为原刻单印者，亦同时得之硖石人家者。吴骞旧藏，有墨笔批注。

《六朝文絜》四卷

道光刻，墨印本。此许梿手写刻本。竹纸墨印，未套色圈点，亦无评语，最为稀见。吴静安物，后有傅增湘手跋。扉叶有许梿印一，无序文，殆是刊本初成试印之本。其朱墨套印最初印本，余亦有一帙，精丽非常，然视此自有仙凡之别。吴定，字静厂，吴庠弟。爱古好事，夫人江采，陈师曾弟子，尝手写师曾诗集付刊者。庚寅静厂下世，江采售其遗书，归叶铭三。石麒邀余往观，无明本，皆小册精好，装池甚妙，扫数收得，此其一也。

《三百词谱》四卷

康熙刻本。此为余所藏清初诗余总集、词谱类书中至罕秘之册。湖州郑［元庆］所撰，选古今诗余三百调，调各系一词，以论证之。审音定律，别出蹊径。与同时论词律诸家不通声闻，亦无人论及之。卷首发凡起例，探究颇详。卷四为词韵，亦重加审定。刊刻风气，不类通常康熙刻本。徐乃昌物，有小印曰“积余秘笈识者宝之”。徐氏所藏有此记者必佳册。

《说文凝锦录》二卷

嘉庆刻。秀水万光泰撰。镌刻极工雅。传本甚稀，偶于旧肆案头拣得，大得意也。《柘坡集》余亦有之，尚不如此本之罕传也。此固旧时文士箧中秘本，摘词选藻，必取资焉。明人有《文选锦字录》即此类，然不若此之犹有许学家数。是虽小书短册，亦非村学究可办者。

《消夏录》二卷

嘉庆刻。黄莘田撰。诗话类书也，不多见。手眼凡近，所采大抵通常诗作，论议亦平庸，不意十砚斋主人乃有此也。有“鸣野山房”一印。

《野鸿诗的》

乾隆刻，长吟阁藏板。吴中黄［子云］撰。作者手写上板，大字行楷，风致别具。得于吴下百城书店。其诗集后亦见一本，风格正同，未之收。

《靖康盗鉴录》

清初刻本。写刻，字体甚朴茂，微近隶书。不著撰人。条记靖康之际农民起义者姓氏事迹，为胡震亨撰。有吴骞藏印，又查歧昌印。

《读书杂识》二卷

清初写刻本。亦胡孝辕撰。与前书合订一册。写手与前书非出一人，工整非常。所记颇有关涉，为笔记中白眉。孝辕留心野史，不废说部，求之三百年前，不可多得。然无有见而援据之者，知久无传本矣。此一册书，壬辰夏日得于京师琉璃厂小西南园雒氏。

《双崖文集》存二卷

明初黑口本。皮纸，极古拙。丁酉春日游湖上，见于湖壖旧肆，云是自徽郡山中买归者，即买得之。此周忱撰，忱以廉吏名臣著。此残册存五、六两卷，中有论江南政治财赋奏疏，即忱所以得名者。忱集有清代翻刻本，原刻无著录者。

《范文正公尺牍》三卷

元刻本。印颇精。艺芸精舍藏书，尚是汪氏原装。有“顾元庆”“大有”“阳山草堂”藏印四方，绝精雅，钤于卷尾，自上而下作一行。明正、嘉时人藏印风气，往往如此。卷首又有‘周良金’、‘九松迂叟’印记二方，亦甚精。得之湖上之松泉阁。

《文正公尺牍》三卷

嘉靖翻元本。白棉纸初印。有“枝指生藏书印”朱文长印，是叶祖仁故物。

《邗江三百吟》十卷

嘉庆刻。前有小像。此竹枝词之俦，纪扬州一地风土人情，每诗后有小记，诗题以排偶出之，如小说回目。林苏门撰，为阮芸台舅氏。于时扬州繁盛甲天下，所记时尚，乃绝妙民俗资料。忆有咏一丈青者，即《红楼梦》中晴雯所用之物，以为绝好资料也。得于徐绍樵许，有陈文田砚卿藏印。

《春华阁词》二卷

乾隆刻。汪棣对琴撰。宋体字刻，绝精雅。买书者多喜写刻本，不知雍乾之际，宋体字刻书有绝佳者，转可赏爱。好书人能知清刻之善，更进而赏鉴宋体字刻书，乃更进一境，可与言藏弆矣。

《冬心先生集》四卷

雍正般若庵刻本。前有冬心先生小像，高翔写。大字精写，颇类宋刻。卷后有双行牌记。初印。有盱眙王氏藏印。偶过旧货店，论秤得之。此平生买书惟一巧遇，后乃未更见。丙申夏日，于来青阁见冬心集四五种，有《三体诗》，有《画竹题记》，有《续集自序》，皆精绝。有旧罗纹笺印者，云是程守中物，已售与西谛，不能夺也，摩挲移晷而罢。此皆中华文物之精英也。

《乐游联唱集》二卷

乾隆西安节署刻。时毕沅抚陕，门下皆知名士，尤以金石家为多。此集即咏古器物联句，有钱坫等。当时付刻以遗同人者，流传甚罕也。封面篆书双行牌记亦精，必出名手。

《竹叶庵文集》三十三卷

乾隆刻。张埙撰。此题文集，然实不收文，皆诗词也。埙，吴下才人，余旧有其所撰《碧箫词》五卷，为早年所刊，末附散曲，刊刻大类汲古阁书。此亦收之，惟颇经删定矣。此本旧为徐紫珊所藏，得之海上书林。

《东潜文稿》二卷

乾隆刻本。仁和赵一清撰。开板极精雅，与《水经注释》正同。小山堂藏板。初印，阔大可喜。二十年前，偶过袁西江肆，告某纸铺方收得故书数千斤，渠闻讯而往，翻检终日，只得此书及明抄黑格道书一册耳，余即收之。书绝罕传，曾有石印覆本。一清为赵谷林子，研精郦书，遂留心河川流变之迹，旁及史事，集中有《明圣湖考》及《吴蜀兵势论》诸文。而余所爱读者，为纪外氏世次诸文，得山阴祁氏故实甚富，取以辑入《远山堂曲品》附录。雍乾之际文集，能祁氏家难故事未尽讳饰者，盖仅有此耳。

《爱日堂吟稿》十五卷

乾隆刻。仁和赵昱撰。此小山堂主人遗集也。余欲求此集以搜取山阴祁氏故事，久久不得。丙申秋晚游锦城，于图书馆中得见法梧门旧藏此集，为之大快，亟读一过，钞得数诗乃归沪。过市，先得一原刻残本，继又收得一全本，自诧何以有此胜缘，为长跋以记之。

《复古诗》十四卷

乾隆刻。贵池吴铭道撰。应箕其祖也。守先世遗诫，不应新朝科第，以高逸终。诗多记沧桑间事，绝无顾忌，不知何以未入禁网。因知文字狱中，亦自有幸有不幸也。余于丙申冬倦游归来，偶过来青阁，见案头有书四册，为杭州小六爷所寄，即此集。翻阅之，见中有《滇海集》数卷。时余方自滇南归，遂买之归，直甚昂，约当一明刻黑口本之价。归而读之大快，知为名集。铭道尚有《古雪山民诗后》八卷，则康熙五十五年至乾隆三年诗，邓之诚有之。此集邓亦未见。

《西陂类稿》五十卷

康熙刻本。写刻工整精致，是为清初贵官名士刻集之型范。虽精而少雅，与私刻之佳册有别矣，亦犹清人书法之有馆阁体也。此尤最初印本，有宋荦名印。诗不足观，而散文随笔有可读者。余尤爱其收墨二记，颇有佳趣。虽官膴仕，犹有文士清况。庚寅春日，贵筑陈夔龙死于上海，花近楼遗书为来青阁载以入市，绝无佳册，有元明间刻《汉书》一帙，为其中白眉。余则得此书及清初刻明人集选八册，失其序目，不知主名。又所刻杨文骢《洵美堂集》有数十部，亦买得一本。

《纬萧草堂诗》六卷

康熙刻本。宋至撰，荦子。极初印。有四明孙氏蜗寄庐藏印，此为藏天一阁抄《录鬼簿》者。

《偶更堂文集》二卷

康熙刻本。商丘徐作肃撰。作肃与侯方域善，集中有与方域书，颇存故事。尚有诗稿二卷，未见。此本白纸印刻，亦康熙本通行体势，惟板心作上下小黑口，书名上有一圈，似中州刻书有此风，江南椠本则未见有此。

《清风堂文集》二十三卷

康熙刻本。秀水曾王孙道扶撰。道扶曾选刻《百名家词钞》，余有之，实为词学要籍。此本两函，九峰旧庐王氏藏书。徐绍樵得之，索直殊昂，无人顾问，因得之归。凡诗二卷，文四卷，尺牍六卷，汉中录三卷，都昌录五卷，四川录二卷，杂记一卷，皆吏牍公文，读之可知蜀中民间疾苦。然无一字及选词事，不知何也。有计东序。

《腾笑集》八卷

康熙刻本。朱彝尊撰。此《曝书亭集》之前竹垞所自刊诗集也。时在鸿博授官、镓羽南归之后，盖自悔轻于一出，负山阴祁氏旧盟，腾笑众口，自嘲亦自悔也。大字疏朗。九峰王氏书，得之绍樵许。有旧人墨笔注典实于书眉。诸家之有全集者，其单刊小集乃最堪珍重，不只流传最少，而可校订处往往有之，可觇世变及作者心事。即此集题名，于全集刻成后即不更为人所知，且疑其别有一书者矣。

《南车草》一卷

嘉庆刻本。朱彝尊撰。顺治十四年，彝尊入粤后，刻其游草及和曹溶诗三十二首为此书。嘉庆二十三年，海宁蒋楷为之重刊。余得此于石麒许，后未更见，罕传可知，遑论原刻。诗颇有不见于本集者。有蔗余道者序，云“自变故以来，诗书之气，无所附丽，天下之才人，往往化为诗人”。此语深刻，后亦去之。初刻小集之可重类此。

《词综》三十卷

康熙刻本。此竹垞选辑历代诗余，自具手眼，为浙西词派开山之作，异于娄东、常州诸派。清词之盛，此书实有力焉。所采专集之外，更广搜地志笔记诸书，亦非只奉《花间》《草堂》为秘册者所可同日而语也。词人而兼学人，实为此书特色。此本初印，得之传薪。有“李绳”“勉百”及

“读书秋树根”诸印。

《曝书亭集》八十卷附《渔笛小稿》

康熙刻本。此为初印本，前有小像，殊精。后印者无之，且剜改卷中有干碍诸人姓氏，不加比较不知也。此本武昌徐行可物，得于海上书林。忆庚辛之间郭石麒自松江买书归，语余曰，见坊闻以初印本《曝书亭集》制爆竹，以新纸易之，不可，云此书纸好，爆竹可紧而坚，作声亦大，新纸不及也，明时白棉纸尤胜云。闻之惊叹，亟告郑西谛，遂有明令，还魂纸必经拣选，方得入炉。然奉行未谨，且恨拣选费时，有碍制做，多虚应故事，是可叹也。

《南疑集》九卷

康熙刻本。沈季友撰。前有今释澹归序。每诗后多有评语。传本甚稀。壬辰余游当湖，谒外家，于旧纸铺中得此本，有“兰卿”印记，跋云只葛氏传朴堂有一本，他未见。客子集，其孙钥于乾隆二十九年刻《学古堂诗集》六卷。

《檇李诗系》　卷

康熙刻本。此沈客子撰。明清易代之际，嘉禾一隅志士遗臣、诗人畸士、方外闺流事迹流传，端赖有此。诗其余事，或赖以有所凭藉耳。与前书同收于平湖，亦有“兰卿”印记。

《挹奎楼选稿》 卷

康熙刻本。林云铭撰。闽人，久居湖上，以卖文为活。此题“选稿”，有圈点评语，有棉纸蓝印封面，如今之广告者然。西仲曾官徽州府推官，治墨有名。又见马夷初跋柳如是《湖上草》有西仲题诗，云集为汪然明所赠。可见生平好事之一斑。余得此书两本于上海书林，一本价奇昂，又一本则价奇廉。

《秋林琴雅》四卷

康熙刻本。此厉樊榭词集，刊于康熙末。板式精整，类《浙西六家词》。封面犹存，隶书大字，侧“吾尽吾意斋藏板”一行。此本稀见，偶得之古书肆。北京图书馆善本目著录钞本一帙，当从此出。有张次柳印记。

《且亭诗》

康熙刻本。杨思圣犹龙撰。刻颇草草，白纸印。大抵北方刊书风气，类如是也。平馆目尚有《且亭诗七刻》一条，殆是官四川布政使时作。卒于顺治十八年。此书三册，得于甬上。壬辰冬日，余游宁波，访老书估林乔梁于其家。尚有旧书一屋，随手抽取，往往有天一阁物。以重直得阁书数种，皆残帙也。忆有棉纸红格钞《寿亲养老新书》，万历刻《医便》存上卷一厚册，白棉纸精印写刻本，皆罕见之册。时已向晚，雨作，询其市上有古书肆否，答曰无之，但有旧货店甚多，往往有书，皆浙东山乡中贩来者，可往一观。因携雨具，导余出游，于一肆中见此《且亭诗》三册，因论斤得之。卷前有童二树印记，则是越中收来者。林估日日游此中，诸肆皆熟，且称其目光如炬。后一月，林估又以明刻赵《峨山集》四册来，索百元去。卷前童氏藏印及装池，与此《且亭诗》全合，当是同出一源者。估人贸利，固大可恨，然古书借其手获全者多矣，为功亦不细也。林估设大酉山房，与马隅卿、郑西谛交易不少，姚梅伯《今乐考证》稿本即出其家。尝出资修天一阁坏垣，范氏子孙特许登楼检书，因撰《目睹天一阁书目》，记录颇详。又取所藏秘册刊为《藜照庐丛书》，皆以旧木活字排印，甚雅饬。二书皆检出相赠。壬辰以后，林每年必来海上二三次，挟书与俱，以之归余。余不惜厚直，得天一阁物不少。其曾见于《鄞县通志·艺文目·林氏藜照庐》名下者，索直尤巨，几至计叶论钱。明刻阁书，戋戋小册，亦非百金不售也。一日函邀余至其戚属寓所观书，皆残册，亦皆阁中物。一黑口本《墨子》，残存下半，夸为孤本，刻极古拙，早于丰城蓝印活字本几百余年。又明刻县志七八册，皆不完，其余卷乃俱在阁中。诸书书根皆阁中旧写，古香袭人。索直奇昂，不少减，遂未之得。又尝以冯贞群所藏澹生堂钞本《余苑》一叠见示，亦以力不能举却之，后不更至。闻其老而渔色，得疾卒，所藏为来薰阁陈济川埽数买去。此其人其书之结穴也。聊记其事，以存书林掌故。

《守城全书》　卷

稿本。祁彪佳撰。全书约二十卷，毛订原装，约十八册，其中约佚去二册。有空白竹纸，有红格界格纸，有“远山堂钞本”绿格或墨格纸。钞胥写之，彪佳手为改定，用朱蓝墨三色笔，每节后有彪佳案语，每卷前书眉批注卷目及刊板体式，则另一人笔，是付刻稿本也。壬辰春日，见此书于郭石麒家。同时先后所见彪佳稿本凡数十百册，有《东事始末》《万历大政汇编》《莆阳吏牍》约数十册、《远山堂尺牍》凡如干种，各有书名、纪年，亦数十册、《救荒全书》等如干种。《救荒》一书亦巨帙，经彪佳手定者，独不缺，手迹所存，与此书皆最多。力不足以全收，只留此十八册书，因旧有钱栴《城守筹略》之甲申刊本，欲得以俪之也。彪佳此书与钱彦林书大体颇近，而更加详，分目亦更细，每节后之论说则钱书所无也。《远山堂日记》中记纂此书始末甚详，前后费时不过半年。盖时已在癸甲之际，朱明覆亡在眉睫间，是救危之具，而非从容考索之书，宜其与明人著述之空疏肤泛、无病而呻者有异矣。发澹生堂兵家之书，参以旧史，上起秦汉，近迄当时，有关城守之事，网罗不遗。大如兵政之讨论，细至守备之器械，营垒之区画，行阵之变化，号令之行施，役卒之配置，饷餼之筹措，攻守之运用，伤病之救护，奸宄之盘查，条分件系，先列成事，更下己意，所采甚广，运思甚精。想当日东书堂中，列案陈书，杂坐书手，据册写录，每一篇成，彪佳手为点定，排比成册。此煌煌巨制，成于数月之间，不见稿本，不能知当日纂著之实状也。每一册成，必分送地方守令及朋辈审定之。余别藏彪佳《里居越言》，尺牍存稿中有三书即道此事。乃撤原书装此册首，以存故事。是书成虽速，却绝不草草。其缺佚两卷，或纂辑未成，或借观迷失，今不可知。曾撰长跋，并补细目，付姑苏故友曹君有福装池。念此本藏于梅市三百年矣，未遭沙门赚去，未为黄吕所攫，满纸奴虏，亦未为康乾诸臣所见，禁网严酷，而祁氏子孙甘冒锋镝，守而不失，亦可云大勇矣。因忆此书，辄记所感如此。

《山阴祁氏乡会试朱卷》

原写本，祁承㸁会试硃卷，祁彪佳万历四十六年顺天乡试头场朱卷时十六岁，及天启壬戌会试三场朱卷，订成方册。棉纸，黑格。书手朱笔抄录，每叶有骑缝关防，册首封面有阅卷官蓝笔评，官印累累。彪佳卷封面有墨笔细字，书名姓履历，有“身中”“面白”“无须”字样。此朱卷亦石麒携来者，其珍贵乃更逾天一阁藏明代登科录。科举考试文献，并世所存，殆无更早于此者。近商衍鎏撰《历代科举考略》，附图不少，然皆清代物。视其体式，与此大同小异，可见渊源流变之迹。余收山阴祁氏五世藏书，刻本、抄本、稿本、校本、旧藏本、书翰，诸种体式皆具，后更得此。此卷出而祁氏所藏无不出矣。

《今乐府》二卷

清初刻本。吴江潘柽章力田与吴炎私撰明史未成，先刻《今乐府》以示作意。每诗题皆三字，题下双行注史事，诗后更为双行夹注论之。自明初起，依事排列。后庄史狱起，潘、吴以列名参阅弃市，史稿亦毁。此二卷书悬为厉禁，传本绝无。此二册书三十年前得于吴下，书名已撕去，亦无序目、藏印，装池亦在百年以前。然则此必史狱方起时藏书者所为也。每展阅，恍如见当日刀斧之下，书生觳觫之状。手足无措，姑灭去书名，以求免祸。不知苟为鹰犬辈所获，即莫须有尚可罗织成罪，今仅去书名，原诗具在，庸何济乎？可慨已。

《符山堂诗》一卷

清初刻本。明山阳张致中撰。致中，字性符，名在复社，卒于崇祯之末。其子张弨力臣刻其遗集，手书上板，作欧书，清劲绝俗。久无传本。庚寅前后，余于徐绍樵许见清集数种，刊皆精，雪库装，或一册，或三册，皆缺头本。以重价收之。此册则失其后半。集中有与陈章侯、刘同人等倡和之作，诗亦清丽。原目尚存，分体而不分卷，各起大题。卷尾有诸子校刊姓氏。力臣手书上板之书，尚有顾宁人《音学五书》，亦尝见一本于徐绍樵许，白纸初印，焕若新开，书法更精，如铜活字本，因循失收，不更可纵迹矣。

《早朝诗》一卷

嘉靖刻。通体篆书，次行属“岱翁篆”。前有行草大字序，中缝有“时习轩”三字，叶数作几号。棉纸，初印。二十年前游甬上，得于林乔梁许。尾缺数番。天一阁书目著杨名父《早朝诗》，即此。郑西谛曾有《阳春白雪》，亦岱翁篆本，与此刊刻正同。知当日所刻，不只一二种也。郑藏本于篆文后尚有楷书释文，此本当亦有之，今不存矣。岱翁，高唐王。

《仙传外科秘方》存一卷

万历刻。棉纸印。天一阁书，与《早朝诗》同时收得。刻颇疏朗，板心书名外有边匡，上下锐角。有“武林万花居”字样。卷前有白文扁方印曰“梁父范汝楠印”，与汝梓当是兄弟行。书或是高深甫撰。平馆有此书旧抄十一卷，题明赵宜真撰。不知是一书否。

《皇明诏令》二十一卷

嘉靖刻。残存四册。棉纸，原装。约当全书三之二。初印精美。旧为海盐郑氏藏书，卷前后各有朱记二方，曰“淡泉”，曰“大司寇章”，曰“凝云楼书画记”，曰“□□清暇奇观”，明人朱文印，厚重可爱。书出王富山许，虽残帙而价奇昂，北估中最贪而狡，与余交易甚少，曾示《隋史遗文》，棉纸初印，附图精绝，索直极昂，无从还价。然至今尚在心目中，不能去也。

《皇明诏敕》存二卷

嘉靖刻。黄棉纸，一册。得于姑苏。书极罕见，无著录者。至正德年止。明人刻此类书最多，以“皇明”字样，多付劫火，今遂罕传，当日固通行书也。

《民抄董宧纪略》

旧钞本。细字，钞白。前佚数番。有刘履芬印记。后归孙毓修，有朱笔细字跋，记董思白故事。此亦小绿天遗书散出时最后所得，并孙氏钞本书目五六种同收，有楝亭目、曝书亭目等，皆无锡孙氏小绿天写黑格抄本，留庵手校过者。有“彦清珍秘”白文方印、“须江刘眉士校藏”朱文方印。跋云得之奉贤陈礼园家。

《八唐人集》

崇祯汲古阁刻本。颇初印。洒金笺覆面，宣绫包角，订十六册，两锦函，系北京装池之佳者，可知此书数十年前身价。得之修绠堂，价颇昂。卷首有杨文骢大字行草序。余之得此，亦由八家中有玉溪生诗三卷，其源甚古，颇有校注云一本作某，是源出宋板之证也。毛氏见本甚多，虽无跋尾记板本源流，是其一病，然所刻之精而慎者，类此盖少。写刻亦往往用古体字，是李诗有名刻本。其他如薛能、许浑诸家，亦少见单刻佳本，不能不推此本之少近古矣。

《李义山诗集》六卷

嘉靖刻本。此亦得之修绠堂，为《中唐十二家集》之一，价奇昂。棉纸大册，原装。前有总序。此李集即涵芬楼影印之本，原目尚存，涵芬楼底本则已夺去。题嘉靖昆陵蒋孝汇刻，不知何据。余此本全书总序则非出蒋氏，大字写刻，已是万历风气。纸用厚白棉纸，亦万历以后物。中间有缺叶，以空白棉纸当之。其书开板于嘉靖中，后板片为人所得，重为总序，重印以行，可无疑也。余生平最爱玉溪生诗，有异本必收之，所得不下十数。李诗清初始盛行，笺本继出，其流风至清末不绝。明刻所得只嘉靖本为最旧，崇祯毛本为最精。其单刻旧本，三十年来绝未之见。明人汇刻本，余尚见万历刻唐人三家一本，棉纸精印，明丽非常，为傅沅叔旧物，庚寅见于京师。分卷亦非三卷之旧。书在公府，不忆何处，目中亦殊未见著录。又尝收万历刻《中唐十二家集》残本于山阴祁氏，前有朱之蕃序，人各一卷，义山在中唐十二家之末，书亦不存。李集旧刻，生平知见，仅此而已。然钱牧斋尚见宋板，今有旧抄校宋景本行世。郑西谛撰小说，言阮集之于金陵城破之前，尚手宋板义山诗摩抄。不知教授小说，果有据否，颇望宋刻尚存天壤间，能校成一定本，则甚快事已。

《李义山七律会意》四卷

雍正精写刻本。华亭姚廷谦平山撰。前有雍正丁未自序，次例言、目录。写刻甚精。卷尾小字双行，云“吴郡王素轩录、金陵王兆周镌”。例云于诗中作注，诗后评释，俱小字双行。注多出朱氏，间出己意，其释则所谓会意也。平山后更有《义山诗笺》，刊于乾隆中，流传最多，惟“会意”则全去之。此本甚罕，他未见著录。有九峰旧庐三印。

《绿窗女史》

明刻本。存首册，又精图四叶，抚刻甚佳。有顾湘舟二印。此书明刻有二本，卷数不同，尝见惜华所藏一本，图较此为多，编次亦异。

《九灵山房集》　卷

旧钞本。鲍以文手校，绝精。存三册，佚去尾七卷。得之北京修绠堂，携归沪上重装，乃在书脑见以文题记甚多，每卷卷尾皆有之，云“校于芦渚寓舍”，每有记事，风致可想。是为戴殿泗刻底本，实以文代刻者。大板精雕，与鲍刻《湖山类稿》风格如一，是为刻丛书前之知不足斋刊本。庚寅春余游京师，于孙助廉案头见残本不少，得其数种，皆有木犀轩藏印。木斋身后藏印归修绠堂，往往随手钤于所得书上，印真而书则非李氏物也。是亦书林掌故，随笔记之。

《石联遗稿》八卷

万历刻本。沈瀹撰。只存其半，二册。刻颇疏朗。得之石麒许。

《敬事草》 卷

崇祯刻，孔贞运撰。有缺番。得之石麒许，蠹吻如丝，未遑装治。中有数卷奏疏，又讲筵草二卷，于晚明朝政颇有关涉，入禁书目。

《翁山文钞》十卷

康熙刻本。常熟薛熙评刻。己庚之间，余于徐绍樵许得书不少，此本与嘉靖刻《西吴里语》同收，系松江故家所出。《文抄》传世颇稀，粤人黄氏得此书残本四卷，影入《广东丛书》，疑其不完而不敢定，别从他抄本翁山文补未见文为遗文辑，可知此册之罕。此书分类，刻颇别致，有圈点，每文后有评。黑口本。翁山之文，实未全入此钞也。得此书后，付工雪库重装，所耗不赀，人皆笑之。

《五国故事》 卷

旧抄本。璜川吴氏藏书。

《三楚新录》 卷

旧抄本。璜川吴氏藏书。二书同出一人所写，颇精。修文堂物。庚寅岁书市寂寞之至，诸肆奇窘。修文堂设于五凤里中，无肆招，几经月无售主。一夕余过石君闲话，告明日将设摊于淮海路上。检视诸书，中有此二册，不禁感慨系之，因携之归，俾不委于路尘。藏之二十年，今仍不免于厄，是古书之不幸也。

《钓矶立谈》

黑格旧抄本，细字精写。有袁氏卧雪庐白文大方印，卷耑有袁漱六朱笔跋两行。庚寅得于郭石麒许。余颇究心南唐故事，曾撰《南国梦》传奇，广搜后主故事，于此书所载，感念至深。然皆稗贩而来，实未见原书也，见此快然。时汉学书店尚未闭歇，石麒每有所得，多以归余。余之收钞本书，实始于此。小册之精者，有旧抄《丞相魏公谭训》，郁松年藏印；《芦浦笔记》，旧抄，惠定宇藏印，并校跋，又张讱盦跋；明抄《孤臣泣血录》等，牵连记之。

《明月诗筒》

康熙刻。此宋荔裳游江南日，主嘉定侯氏倡和诗也。后尚附《秬园唱和》，亦同时作，少有后先。首列琬作十二首，继列诸人和作，有余怀澹心、马万士延，及侯氏诸子等。又有侯大年所撰记，叙事颇详。诸诗亦多有注，多存故实。嘉定侯氏于乙酉死事最烈，诸子或为僧，或远走。清初人集中绝口不谈侯氏破家以后事，只吴梅村临江仙词《过嘉定感怀侯研德》最为凄婉。其言曰："苦竹编篱茅覆瓦，海田久废重耕。相逢还说廿年兵。寒潮冲战骨，野火起空城。　　门户凋残宾客在，凄凉诗酒侯生。西风又起不胜情。一篇思旧赋，故国与浮名。"言廿年兵，是此词当作于康熙五年前后。曰门户凋残、凄凉诗酒，是侯氏虽衰，尚有旧园，当时宾客犹有在者，渐理旧业，滨海旧田亦招人重耕，可知当日家产未入官，遁逃者亦渐归也。荔裳于康熙五年罢官寓吴中，遂得遍游三吴，过嘉定，亦在此际。诗十二题，皆拈秬园景色。侯氏园不知在城在乡，遗址亦不知尚可寻否。今所知者，城内有秋霞圃，南翔有漪园耳。此小册得之徐绍樵许，刊刻甚工。当日诗筒传递，印必不多。后经文字厉禁，此册作者皆明遗民，诗语更慷慨不少避忌，恐无人敢藏之矣。

《黄叶村庄诗集》八卷

康熙刻。石门吴之振撰。徐晓霞藏书，偶得之来青阁。

《花村谈往》

旧钞本。题“花村看行侍者偶录”。写手不工而甚旧，小册。钤戴熙小印甚多，印皆不甚精，然亦不似伪作者，不知何也。当是鹿床早岁阅本。此为晚明野史中之要籍。三十余年前曾撰《鸳湖曲笺证》，故友义乌吴氏远道为致书数种中有此，为近时排印本。中记吴来之、周玉绳事不少，得以辑入。后收书渐多，晚明野史尤富，欲为补正，并校旧所引书，匆匆未暇，而群书尽去，不知他日尚能完成此愿否？此书十行廿四字，有“泉唐戴氏珍藏”印。

《研堂见闻杂记》

旧钞本。小册，黑格，写手精甚。后附《江上孤忠录》，已不完矣。石麒收于苴城，颇蛀裂，遂付严阿毛为装池，逾月始就。严固曾为富家装书者，时已设肆，而无生理，遂以旧书付之，俾少得济。未几而严死矣。

《元氏长庆集》存十二卷

明锡山兰雪堂铜活字本。半叶七行，行大十三字，小字双行，亦十三字。白口，左右双边。板心上“兰雪堂”三字，中题“元集卷几”，下记叶数及刊工姓氏。每卷尾有“锡山”圆印、“兰雪堂华坚活字版印行”双行长印牌记。黄绵纸印，巾箱小册，古芬掩霭。庚寅冬日，得于郭石麒许。海虞瞿氏物。瞿氏书归公，赵斐云按目而索，无一漏网。惟尚有目外及无印记之书数种，时出易米，此为其一。活字板书于古书中最称罕秘，世谓下宋板一等，以余观之，盖尤罕于宋刻。传世宋刻尚不下三百种，明时铜活字只数十种耳。自来收藏家无专收活字板者，以其罕也。近日藏书家藏活字本者，北方有赵元方，南方有孙毓修，各有精品。此元集系华氏据宋家所藏宋刻摆印，稍后于所摆白集白集所据为钞本，传世尤罕于白集，世间著录无完本。余于京都隆福寺书肆估人见告，有此活字本元集，后以匆匆返沪，未见其书。白集则曾见九峰旧庐所藏半部于徐绍樵许，为孙实君易去，他即未更见。此本校印亦殊草草，卷二十四《连昌宫词》第二叶首行复出，其字当乙转者亦多有之，终未遑校明刻，憾甚。此本所存为卷四之六，卷十三之十八，卷廿二之廿四，凡十二卷。

《杲堂诗钞》七卷、《文钞》六卷

康熙刻本。鄞李鄴嗣撰。杲堂清初有盛名于浙东，所见清初刻浙江遗民别集，往往有杲堂之序；方外之集，尤必由杲堂阅定，可见其为人崇奉矣。余先得诗集一册于地摊，后又得文钞于古书肆，卷前有“柘堂读”白文套边大方印，颇精，亦康熙中人，惜不知谁何。

《查浦诗钞》十二卷

雍正精写刻本。开花纸印。海宁查嗣瑮撰。嗣瑮，字德尹，兄慎行，以弟嗣庭之狱谪戍陕西，卒于雍正十二年，年八十二。通阅一过，集中绝无可供考史之作，因知文字狱起，人皆噤若寒蝉，所刻集删削不遗余力，可哀也。余曾得慎行诗集五十卷之开花纸最初印本于袁贾西江，嗣庭《双遂堂遗集》四卷则未见，却于古董铺见其书轴，雅近董思白，亦一时风气也。

《尺五堂诗删初刻》六卷、《近刻》四卷

康熙刻本。归安严我斯撰。我斯，康熙三年一甲第一人及第。我斯少有名社局，后掇巍科，官至礼部左侍郎，年未六十，乞身归。诗撰于康熙三年至二十六年，亦无裨于采史者。

《菀青集》二十一卷

康熙刻。萧山陈至言撰。康熙三十六年进士，官编修，直南书房。集，诗十二卷，文七卷，诗余二卷。余先后得二本，中颇道故事。余曾取与山阴祁氏有关诸诗辑入《远山堂曲品·事辑》。至言与祁四元朗、祁七既朗交最厚。祁晋字元朖，号赤田，又名昌徵，彪佳孙，奕庆子。

《大观堂文集》二十二卷

康熙刻本。诸暨余缙撰。缙，字仲绅，号浣公，崇祯九年举人，顺治九年进士，官封丘知县。十六年为山西道御史，康熙六年起补河南道御史，出巡长芦盐政。二十八年卒，年七十三。黄宗羲为撰墓铭。此为清集佳本，所存清初大政民情，资材甚富。得之古书店，价颇昂，已颇弊坏，却无暇装池矣。

《受祺堂诗集》三十五卷

康熙刻。李因笃撰。字天生，富平人。集刻于关中，颇古拙，与江南刻本不同。丁酉春游杭，于宝贻斋见从江西买得故书不少，中有此本，只存其半，原装四厚册。以其为四布衣之一，仍买之归，后亦未更遇。天生曾走三千里脱顾宁人济南之狱，有名于时。诗多楚音，足当一代大家。

《赖古堂诗集》四卷

清初刻。写刻精甚。目录小字双行，卷首有“武蜨生藏书印”朱文长印，不知谁何。得于徐绍樵许，未暇与全集对校，不知有异同否。

《赖古堂集》二十四卷

康熙刻。此亮工子在浚刻。初印精好。亦得于徐绍樵许。此为清初名集，亮工二臣，然风雅好事，明遗老多与往还。与龚芝麓行迹颇类，而多才有识，不专事诗文，则又为龚所不及也。居金陵久，与余澹心等往还甚密。刻书甚多，聚墨至富，藏画亦多。尝于海昌许氏许见所书联，行草有佳趣。此集最可读，欲知清初文苑故实者，不可不阅此也。

《余庆录》

嘉靖刻本。棉纸印。天一阁藏书。十行廿字。白口，左右双边。写刻精整。十五番。前有嘉靖甲子仲秋余姚冶山居士徐天衡引，末姑苏徐栻识语。首东海乐善道人张谦“劝人勿食牛肉文”，尾题“钦差提督军务巡抚浙江等处地方兵部右侍郎兼都察院右佥都御史徐栻梓行”，似此文曾单刻，张贴散发，后汇刻于此卷之首者。其后为徐天衡所集食牛果报故事，所据之书有《夷坚志》《睽车志》《萤雪丛说》《广古今五行记》《述异记》《颜氏家训》《法苑珠林》《稽神录》《原化记》《朝野佥载》等，并掇近时事。卷末徐栻刊书识语云：“余叨抚两浙，遵例禁宰耕牛。年来畜蕃而民安之，颇有成验。识者谓八善具而轮回报应之说不与焉。诚有味乎其言也。爰为训注，庶共观省。”可知此实政治之书，而非劝善之具。癸巳九秋，收于石麒书包中。书根仍阁书旧式。

《苍岘山人诗集》五卷、《微云词》一卷

康熙刻本。无锡秦松龄留仙撰。写刻甚精，大字类“经解”。留仙，顺治十二年进士，入翰林，以奏销案褫职。后以词科进。康熙二十三年主顺天乡试，下狱，得徐乾学力解，始得放归。康熙五十三年卒，年七十八。诗词皆平庸无佳语，亦不及朝政，无可采撷。书出某氏，抗战中投敌，解放后在沪设地摊为生，售其故书，无佳本，而多乡人著述。后其书扫数为某估买去，约余过其居观之，得数种归，此本为白眉。其人有“百研室”印。

《湖海楼诗集》八卷

康熙刻。郭麐藏，通体频伽朱笔阅过。后归潘椒坡，卷尾有手跋，时在甲午，颇有感慨语。装两册，封面有吴清卿篆书耑，颇精。得之来青阁。

《湖海楼文集》六卷、《俪体文》十卷

康熙刻，有本衙藏板扉叶。与诗集非一刻，狭行细字。

《陈其年词集》三十卷

康熙刻。此又别一刻，字稍大而不甚精。徐乃昌故物。

《唐堂集》五十卷、《补遗》二卷、《续集》八卷、《冬录》一卷

乾隆刻。华亭黄之隽石牧撰。此集石麒收自云间，以之归余。刻不甚精，而实可读，中有清初故事不少。石牧尚有乐府六卷，已刻于康熙中。西谛《劫中得书记》著录《唐堂乐府》，康熙丙申刻本，不分卷，题黄兆森撰，岂其初名耶？乐府全目为《忠孝福传奇》及《四才子》《郁轮袍》《梦扬州》《饮中仙》《蓝桥驿》也。

《学福斋集》　卷

乾隆刻。云间沈大成撰。大成为石牧弟子，有名于时。其集亦清人别集中之著名者，绝罕见。此本得之古书肆，只文无诗，小字精整。

《叶忠节公遗稿》十二卷

乾隆十年重刻本。写刻殊精，大题次行题“男芳辑录”。上海叶映榴撰。

《圭美堂集》二十六卷

乾隆刻本。写刻而不甚精。宿迁徐用锡撰。此书得于姑

苏玄妙观书估李德元，同得尚有王惕甫集一叠，皆有浙江图书馆藏印及编号，割而未尽，盖当日烽火中所失，不知何以出于吴市也。此集有字学札记等文，皆可读，论碑板源流，颇资考证，近人论帖，尚时时援引及之。

《西河合集》 卷

康熙刻，存毛订八巨册，不全本也。得于湖上。全集后亦未尝一遇。文集一百三十五卷，文笔放恣，多记沧桑间事。余于此数卷中见有关山阴祁氏数文，采入《事辑》。于宋儒甚诋紫阳，实有特见。博学强记，下笔为文，不事检阅，遂间有疏失，实不足为西河病也。又尝刻《西厢记》，义例甚长，亦有非腐儒可及者。卒年九十四，于清初诸家亦最老寿。

《绿雪亭杂言》

嘉靖刻。九行十六字。每则上空一字，次行以下上空二字，卷首书名大题亦上空二字。上下黑线口，四周双边。清江敖英撰。卷前有嘉靖戊戌夏五月望日自序，云“亭为蜀台清戎官舍西一境，公余退食，常来此与此君相对，因作此书。”大字写刻，甚古雅，不类江南开板。纸用厚棉料皮纸，或是蜀中雕印。通六十九番，合序一番七十番。有“陈氏文卿”“存春庐陈珍藏”两朱文方印，又林集虚三印。癸巳初春，林集虚挟来海上，以重直收之，云是天一阁书。

《唐人七言绝句》

明刻本。写刻，棉纸。此亦清江敖英选，惟刊板晚于《杂言》，当在万历中矣。疑亦天一阁书。所选皆名作，雕板复雅丽，实讽读绝妙之物。

《榕园词韵》

乾隆巾箱写刻本。海盐吴宁子安编。八行十八字。前有乾隆甲辰周春序，次发凡，分三十五部。为拜经楼藏书，有“竹下书堂”朱文方印、“兔床山人”白文长印、“愚谷”白文长印。丁酉正月，得之徐绍樵许。

《宦辙联句》

嘉靖刻。写刊，狭行细字。小册，棉纸印。前有嘉靖四年王三省序，次爵里。此亦天一阁藏书，林估集虚所售也。按王三省有《潼谷集》，《千顷堂》著录，在万历二年甲戌科，云字诚甫，陕西朝邑人，山西潞安知府。余有蓝印《人物志》，有三省跋，又得明刻《井陉县志》残叶，证以此书，知三省行辈甚早，似不当于万历二年始成进士也。

《方壶先生集》四卷

雍正辛亥汪栋刻本，大题次行属“族后学栋峻堂重订”。十行二十字。上下黑口，左右双边。前有雍正辛亥汪栋重刊序，次旧序三通，咸淳孙嵘叟、王应麟、嘉定刘次皋撰。次李以申撰传，次像赞。目录后附刻真西山、徐安抚帖二通。丁酉初夏，得于来青阁。有“璜川吴氏收藏图书”“汪鱼亭藏阅书”二印。宋元人小集之明清旧刻，皆堪珍重，此书刻尤雅饬，且经汪、吴二家收储，大可爱玩。汪峻堂与沈冠云交，曾有哀辞在集中。

《七闽游草》一卷

康熙刻。休宁程瑞祊姬田撰。尚有《槐江诗钞》四卷，皆纪游之作。卒于康熙五十八年，年五十四。此册与汪碧巢《梅雪堂诗稿》合订，九峰旧庐物，收于徐绍樵许。

《梅庄文集》一卷

康熙刻。萧山张远迩可撰。远有《杜诗会粹》，余有一本，因知其姓名。偶于书店架上抽得，遂买归。尚有诗集一卷，不存。

《兼山集》十卷

明清之际刻本。清江杨廷麟撰。此为九峰旧庐王氏书。前九卷刊于明末，其第十卷大题作“兼山遗集”，下有子某题名，是廷麟殉难后所刊。封面题“恒斋藏板”，刊不精。十卷皆诗，诗皆慷慨有奇气，无一不足以考史。此书之入禁网无论矣，《梅村诗话》言廷麟诗于清初即不见传本，因录入诗数首，极致钦仰。意梅村必见此集，云不可见者，有所讳也。然三百年后廷麟诗乃真不可见，此册殆为孤本。余尝取《梅村诗话》所录以校此集，又从梅村歌行中咏廷麟死事者参以本集，撰为长跋。

《乐府原》存十一卷

嘉靖刻。十行廿字。上下黑线口。属“华亭徐献忠著、仁和高应冕校”，卷十一以后则题“丹阳荆文炤校”，卷十末题“嘉靖辛酉识于谷泖之东斋”，最后有高应冕跋。此华亭徐氏所著，辑古诗而附考证于后，以溯乐府之原，《六朝声偶》一集当继此而作。此本黄皮纸印本，天一阁书，得于沈仲芳许。沈自称鸣野山房后人，庚辛之间设肆于古玩市场楼上，杂陈家藏书售之，颇有佳册，余买得不少。天一阁书多残卷，旧山楼书钞刻皆有之，他种如嘉靖刻马令《南唐书》，为钱叔宝校藏本，亦绝佳也。不及半年，家藏将尽，其人亦不复见矣。

《李长吉诗》五卷

万历刻，白棉纸，写刻精妙，抚印甚初。作阑类笺纸，行格侧小字一行云“仿蔡中郎竹册”。此为陶李合刻本而佚去陶集，李集卷尾亦失数番。己庚之间见于秀州书社，惊其明丽，买归重装藏之。余收长吉诗佳本不少，而以此为最先所得，不无故剑之情，于此记之。

《经锄堂文稿》二卷

清初叶奕苞九来撰。有《金石小笺》《醉乡从事》，后者附十图，颇精，系从《欣赏编》出。《金石小笺》颇关考证。金石之学乾嘉以后大盛，九来此制能开风气者，然考证殊不草草。《文稿》中有《半茧园赋》，亦关故实，实清初名集也。有曹彬侯炎印，又稽瑞楼印。陈子准藏书著名于乾嘉中，久已星散，余阅市三十年，只得此本，可珍重也。

《七经图》

万历刻，熙春楼藏板。棉纸大方册，印甚精。庚寅得于汉学书店郭石麒许。系两残本配全，尚有羡余之卷。吴氏此刻源出宋板，附图甚精，余后得胡心耘旧藏宋刻《尚书图》，为建本经图之一，即此吴氏所从出也。二残本一出四明卢氏抱经楼，有印记，尚是原装。一出堇斋昌龄，康熙中旧装，黄腊笺覆面，衬叶亦皆大幅宣纸。余尝取数叶写为跋尾，佳绝。其原书有熙春楼牌记处多在大题之下乃都割去，补以明时棉纸，堇斋藏印即钤其上，作伪充宋之迹显然。堇斋为曹楝亭甥，颇得舅氏藏书，不知何以弄此狡狯。此与余所得季振宜取汪文盛《汉书》割款钤印充宋手段如一，亦同不可解。

《欧苏手简》四卷

明初黑口本。十行廿二字。双鱼尾，四周双边。板心中题卷几及叶数，卷一二大题下有“庐陵先生”四字，卷三四有“东坡先生”四字。前有真止轩老人杜仁杰序，是为元刻此书旧序。余别藏《中州启札》四卷，亦黑口本，后成化三年翁世资原跋尚存，云绣梓以附《欧苏尺牍》之后，因疑此本亦翁刻，而少早于《中州启札》，今估人刓去旧跋以充元板，遂不能定矣。东坡小札，余最喜读，然无专集。此本明初旧椠，合永叔之作为一书，宋贤风致，跃然如见。卷前有“锡山蕉绿草堂邹氏书画记”朱文方印、“邹仪晓庭”白朱文连珠印、“补山一字晓庭”朱文方印，仪之藏弆当在康雍之际。乾隆刻《大雅堂初稿》十四卷，勾吴邹方锷撰，中有《蕉绿草堂记》，云“晓庭族叔”，可知其人行辈。辛卯初春，杨估金华挟来见售。杨为中国书店旧人，郭石麒弟子，人甚聪明，而染恶嗜，不齿于同业。庚辛之际，书市寂寥，乃贩牛肉于松江、上海之间。一日忽挟书来访，有永乐刻《刘迪简尚宾前后集》，清初刻《先拨志始》，鲍以文精校三跋之《九经三传沿革例》及此册，喜而留之。又出示一单，云将续出，中有黄荛圃跋本，又旧抄晚明野史等，问以书出谁家，避而不答，后亦不再至。微闻郑西谛、张葱玉旅京，沪上存书，久无人顾问，托杨金华为之理董，遂窃出别售。又闻有黄跋《图绘宝鉴》，售归苏寄庼。其人亦好买书，商务印书馆编辑，人称老苏，时时于书肆遇之。诸书疑皆葱玉物，西谛所储，曲本外无此佳品也。同时余更见象牙犀角印材甚多，雕钮极精，陈于宣和印社，亦葱玉物，疑亦杨所挟出。今张、郑皆墓有宿草，终不能知其究竟矣。

《金石契》一卷

乾嘉间刻本。题“嘉禾张燕昌过眼”。封面扉叶翁方纲题，在乾隆戊戌。次目录，属“嘉庆丙辰冬日张燕昌编次”。

计金三十二件，石一十八件。目后有“续刻即出”四字。次乾隆四十三年王杰序板心有“己亥春刻”四字，次乾隆三十六年朱琰序板心题乾隆戊戌，次乾隆三十六年杭世骏序。著录诸品，皆先为图，后附考证、记事，板心记刻板纪年。燕昌手书上板，不为精楷，别有逸趣。通百四十四番。亦吴静厂遗书，十年前所出，皆金石家著作小品，余收得四五种。

《严太仆先生集》十二卷

乾隆刻本。常熟严虞惇撰。余先收康熙中黑格旧抄本《思庵集》二册，蝇头细字，为旧山楼藏书，尚早于此刻数十年。初不甚重之，与估人易书弃去。后于《烟画东堂小品》中见《思庵闲笔》，心甚好之。后更收此，已乾隆刻矣。卷前有小（象）[像]。集经删定，惟存醇雅之作，而真气乃少。忆曾收明刻王注苏诗，为翁常熟藏本，以朱蓝笔过录钱湘灵、严虞惇两家批语。思庵当日典试蜀中，归舟阅此自遣，每卷尾俱有跋，记山川风物、晴雨晦明，兼及故事，往往累数百言。原纸不足，同龢接以新纸，朱笔迻录，无殊一舟行日录也。同龢亦往往自记所感，时已放废归田，时有愤语，亦可窥当日党狱种种。

《秋影楼诗集》九卷

康熙写刻本。常熟汪绎撰。绎，字玉轮，号东山。康熙三十六年进士，三十九年廷对第一，四十五年卒，年三十六。集为查慎行序刻，云“癸未幸举南宫，出公房荐”，则东山门下士也。诗无甚可观，偶得于古书肆。前粘《种芋图》影本一帧，即翁同龢日记所云漆工汪姓，东山六世孙，尚藏其《种芋图》者。

《匠门书屋文集》三十卷

康熙刻本。嘉定张大受日容撰。居苏州干将门，亦云匠门，因以名集。康熙四十八年进士。集凡诗十卷，词一卷，文十九卷，无甚有关系之作。嘉定三张，匠门逊于朴村远矣。书出九峰旧庐，余得之徐绍樵。适孙实君来，责其贱售。事殊可笑。

《朴村先生文集》　卷

康熙刻。嘉定张云章撰。小字写刻，殊精。亦九峰旧庐书，得之温知书店，价乃奇昂，北估眼力自胜南估万万。集实可读，所记当时故事，多他书所未见。以清集而入禁网，非无因也。曾于诗集中辑得楝亭故事，以告周玉言。玉言见清集甚富，搜曹氏故事甚勤，独未见此。卷数有尚为墨丁者，传本甚稀。王氏亦甚重之，装池甚精。

《樗亭诗稿》十二卷

清初刻本。华亭董俞撰。俞，字苍水，含弟。此集前有吴伟业序。《安雅堂集》有《董苍水诗序》，此本不载，云“行年三十，举孝廉于其乡也。居无何，江南逋赋之狱起，士绅同日除名者万有余人，而董君不幸絓名其间。”是与兄含同入奏销案中。琬又有《阆石诗序》，云“君与苍水，云间世家，逋赋事起，以盛年见废清时，家徒壁立，幽忧侘傺。”是二董生平之可考见者。与同时名辈往还倡酬，然诗殊未佳，亦不敢及时事。余辑《镜湖竹枝词》一首，入《祁氏遗事》中。

《之溪老生集》八卷、《劝影堂词》三卷

康熙刻本，写刻甚精。余先收词三卷于南陵徐氏，积余有小跋。后更于湖上得残本四卷于松泉阁王氏，尚缺其半。封面有“玉渊堂”白文大方印，因悟此必项刻也。项氏刊书多在雍正中，此则较早者耳。先著，蜀人，署泸州，流寓江南，曾选《词洁》，亦明遗民之有文彩者。

《百城烟水》五卷

康熙刻本。此为名书，记三吴郡邑山水、城镇古迹甚详，于地志中为别格。大字著地名，小字双行注于其下。持此一卷，游长洲诸胜，可不烦别考邑乘矣。得于吴下瀚海书店，价颇不廉。有陆蕡香藏印。

《自警编》

明棉纸蓝格钞本，存一厚册。十行廿字。不分卷，此为第三册，于书根题字知之。开卷大题无卷数，次行题“事君类上”，又次行题“忠义”二字。此书明刻有五卷本，又十一卷本，未见。曾取《历代小史》本一校，多所删节，字句

亦多异同，皆以明抄为胜。得之甬上。

《听泉遗诗》三卷

嘉庆写刻本。有张敬胜、宋景龢、杨蟠三序。吴江李菖润芝撰。菖贾而能诗，与一隅草堂计楠春树交善。诗不足观，而有“士礼居藏”白文方印、“涧蘋”白文小长印、“广圻私印”朱文长印，因收之，亦可笑事也。

《荛言》二卷

道光刻。此黄丕烈自刻赴金陵省墓诗。大字写刻，书体瘦劲，刊工甚精。荛圃无诗文集行世，此本知者亦少。戋戋小册，恐人间更无数本。王欣夫辑刻《黄顾遗书》，收荛翁题跋遗诗几备，而未见此，可知罕传。卷尾有小字刊书牌记二行，在卷尾下有“姑苏桐泾桥刻字铺”字样。

《墨表》四卷

嘉庆戴氏从所好斋刻本。此万年少所著书，嘉兴戴光曾得写本，嘱黄荛夫代刻，雕椠精甚，末有丕烈跋。徐乃昌旧藏书。寿祺，明遗民，乙酉曾起兵，师溃被执，几死。与顾宁人交甚密。诗文以外，多能艺事。善绘事，山水清绝如浙江，雕刻刺绣无不能。此《表》四卷，所收明墨至富。方正、罗小华之制，著录颇多，不斤斤于程、方市易之品。其著录之法，一墨形制款识，皆列表详记，甚便考索，贤于宋漫堂所记远甚，不徒所见珍异，非商丘所能梦见。然传本稀若星凤，吴昌绶刻《十六家墨说》，不以录入。近人藏墨名家考证文字，亦无一字及之。是不但未见其书，亦未知墨林中有此要典也。

《杨太真外传》二卷

嘉靖顾元庆《小说》本。黄棉纸印。藏印累累，中有叶石君、黄丕烈印。得之绍樵许。

《古今注》三卷、《述异记》《幽闲鼓吹》

嘉靖顾大有依宋板重雕本。黄棉纸印。卷尾各有“依宋本翻雕”牌记。黄丕烈藏书，订二册，封面皆荛翁手写。卷中有“惕夫借观”印。荛夫当日所收皆初印零本，未有四十家之全，此可于他书跋尾中知之。此二册徐积余物，得之萃古斋。

《山谷刀笔》二十卷

万历刻。棉纸印本。佚去尾四卷。谢光甫遗书，得之来青阁。谢氏于劫中买书甚多，几日日过来青阁，一时善本多归之。未几物故，其家素封，遗书遂深藏密锁未出。后诸子析产，书乃分房。来青阁买得一批，余往观，无何佳品。有清人集数种，亦为北估买去。其书皆无藏记，其子匆匆治一印云“余姚谢氏藏书记”，每册俱钤之而后载出。印甚劣，印泥亦下品，又不钤之以所，最杀风景事也。余检得明朱墨本《庄子》，又残本《江村筒寄》及此书，以为谢氏纪念，时在丁酉冬日。其后余亦不更买书。

《张愈光诗文选》八卷、附录一卷

嘉靖滇中刻本。八行十七字。白口，双边。前有云南布政司右参议前翰林院庶吉士龙岩赵维（恒）［垣］序，次目录。卷一大题下一行题“成都杨慎用修批选”。附录一卷，皆含旧刻集序跋。含集多慎为之评选作序，其于用修，倾倒备至，集中投赠之作，大半皆寄慎者。诗文尔雅，自是滇中一大作手。全书前六卷诗，末二卷文。刊于嘉靖季年，用纸亦滇产，胡应麟所谓“色理疏慢，苍杂而坚，乃与绢素敌”者也。旧为古林曹氏藏书，有“曹溶私印”白方、“洁躬”朱方、“溪亭诗老”白方、“潜愓先生”朱方，“洁躬”亦朱文方印而巨。后入怡府，有“明善堂览书画印记”白长，“安乐堂藏书记”朱长。乙未冬日，收于海上。细审全书，诗与目有未尽合处，全书印殊佳，而有数叶板已模糊，疑莫能明，或取旧刻重修而成者欤？丙申秋晚，余过昆明，访翠湖图书馆，求滇中旧刻观之，乃绝无异本，只丽江木氏家集数种为嘉靖刻，然皆开板于中吴，用纸亦江南棉楮。以视余箧中所储诸种、尚可窥明代滇南雕椠用纸之鳞爪者，去之远矣。

《南村诗稿》二十四卷

康熙刻本。金坛潘高孟升撰。余得残本一册，存卷一之　。首列钱谦益书。高早岁为牧斋所知，集刻于康熙十六年后，钱已先卒，遂刊其书代序。诗颇有感慨，然亦少故实，王渔洋《感旧集》中颇录其诗。此亦清集之罕见者。

《江泠阁文集》四卷、《续集》二卷、《诗集》十二卷首末各一卷、《绪风吟》三卷

康熙刻。丹徒冷士嵋撰。士嵋为京江高士，兄之曦尝参史道邻军，为牙将，后死于曲阿之难。杨宾《晞发堂集·亡友诗·冷士嵋》云："冷氏举义旗，全家著忠烈。"似士嵋亦尝入抗清义师。明亡以后，志节甚高，晚寄居焦山僧舍。康熙五十年卒，年八十六。集与宗子发《焚余草》三卷合刻，传本绝稀。柳翼谋丈尝得一本，不全，影印以行。又以后得《绪风吟》别附全集校记，印以行世。冷御秋表章先世遗书，更为付刻，亦仍道光本之旧，实未见原刊也。此册得于上海书林，《绪风吟》亦在，实为胜缘。

《南田诗钞》五卷

康熙刻。恽格寿平撰。此《毘陵六逸》之一，余先后得二本，《六逸》全书为庄令舆、徐永宣选刻于康熙五十六年，全书罕见，曾睹一初印阔大者，因循未收。只此南田五卷，因名重抚印独多。然选刊者之言曰："其诗率幽渺凄戾，然其大者不可得而录也。"夫而后南田之诗遂不传。人皆知文字狱杀人毁书之事，亦熟知四库馆臣删改抽换之技，以为古书水火兵虫后之别一厄，不知因避忌而毁失者更远逾之也。

《瓯香馆集》十二卷、《补遗》一卷

道光别下斋刻本。恽格撰。壬癸之间，得于湖上。有极初印之《别下斋丛书》一叠，见于文艺书店，因买之归，中有此本。蒋生沐所补辑者，亦皆题画小诗，其大有关系之作，绝不可见，于是读此集者皆知南田为一绝代风流画师矣。事之可悲，宁逾于是?

《愚庵小集》十五卷

顺康中刻本。此清初名集。吴江朱长孺鹤龄撰。传本绝稀。庚寅春，有余某设肆于春秋书店之侧，榜名“经锄堂”，徐乃昌子某亦以家藏劫余物来。其人本非书估，不善经营，未几即闭歇。所售书间有“望江余氏经锄堂”旧记者，皆佳本，然无一明刻。此集亦其家旧物。长孺以《义山诗笺》有名于时，与钱牧斋交，以先辈视之，然颇薄其为人。同时人多有类此者，黄梨洲亦其一也。愚庵文不恣肆，言多委曲，不易全解，必熟于当时故事者乃能读之。其《传家质言》有云：“见一越友选时贤诗，嗤薄艳体，另为一编。故借西昆以晓正之，而不知者疑义丛生。”此亦为牧斋而发，“越友”者，魏雪宾、钱瞻百也；“诗选”者，冠山堂刻《吴越诗选》也。中一卷题艳体诗，钱、柳唱酬之作皆入此卷，而牧斋他诗不入一首，是东林浪子身分自定矣。后二年，更于湖上拜经楼得一残本，存前半。他则未更遇。

《晤书堂诗稿》

乾隆刻本。长洲沈钦圻得舆撰。戋戋小册，后附沈德潜撰家传。钦圻，德潜祖父，亦明遗民，诗颇清峭，多故国之思。忆有咏牧斋、柳隐一律，颇溪刻也。他作亦多有故事。忆曾取德潜选《清诗别裁》观之，亦取得舆诗，而有改易字句处。祖孙异趣，固亦常事，乃进而夺其素志，是亦过矣。德潜人品不高，于此可见一端。集不多见，世无知者。附订《愚庵小集》卷末。

《默庵遗稿》十卷

康熙刻本。常熟冯舒己苍撰。板心下有“世豸堂”三字。得之虞山。《空居集》二卷、《北征集》二卷、《浮海集》一卷、《避人集》二卷、《幽违集》一卷，杂文二卷无之。卷尾有翁氏子跋。似即活字本《二冯先生集》所据之本。己苍藏书有名，校雠甚精，与钱牧斋甚密。所撰《虞山妖乱志》三卷，余有小黄压山房黑格旧钞，亦虞阳故事之要籍。因《怀旧集》狱死。诗多愤语，集多缺字，盖因避忌而铲去者。余有舒弟班犹子武撰《书法正传》，板心下亦有“世豸堂”三字，则此集当同时刻，约在康熙十八年前后。

《墨井集》三卷

康熙刻。吴历渔山撰。写刻，板心下有“飞霞阁”三字。为《墨井诗钞》《题跋》《三巴集》各一卷。此画人名集，得之石麒许。清初画人，四王不足论，吴、恽乃绝伦，画品之外，人品实大有径庭，廊庙山林，分野判然。历所制多写江南水乡风景，如柳塘春晓，细柳垂丝，平陂逶迤，溪水一湾，浅可徒涉，无重峦巨涧，然实能得江南平野之神魂者。此与倪迂松林亭子之属，俱从实境中来，而世多以文人写意画目之，误矣。历非不能作重岩叠嶂者，惟此乃其本色。晚年入天主教，恐有不得已者。

《新罗山人集》五卷

道光刻。华岩撰。板刻殊不精，然极罕传。徐积余物。此亦画人集之著名者。忆闻许君姬传见告，曾有山人手书诗稿一厚册，皆随笔于诗成后录入者，末数叶颇荒率，时盖已卧病，末叶墨画格子仍在书叶中。后为蒋孟蘋百计易去。蒋已去国，此册恐不在宇内矣。

《汲古阁刊书细目》一卷、《汲古阁珍藏秘本书目》一卷

吴骞钞本。竹纸，黑格。十行廿二字。板心下有“拜经楼钞本”五字。写手颇精，兔床手校。卷前有“临安志百卷人家”白文长印、“红药山房收藏私印”朱文长印、“玉玲珑阁主人”朱文大方印、“玉乳山房”朱文圆印，又吴县朱记、荣槐庐印记二方。庚寅冬日，孙估实君于旧县城中故家收得故书一批，中有此本，与鲍以文校《东观集》尚是佳书，余收得之。时囊无余金，乃以家藏清刻本两车易之。一时书林

哄传，以为豪举。其实书痴加人一等，大可笑也。

《汲古阁珍藏秘本书目》

旧抄本。钱梦庐藏书，并手批甚多。此本抄白，以钱批可重，得之郭石麒许。

《爱日精庐藏书志》四卷

木活字本。此为张月霄自刊最早之本，世无知者。东武刘氏藏书，书名上每钤“燕庭”小长印，或加朱圈，不知何所取义。李椒微藏，庚寅春得于北京隆福寺。

《竹汀先生日记抄》三卷

何梦华刻本。潘椒坡藏书。卷尾书头，多有墨笔批注。

《竹汀先生日记抄》二卷

光绪滂喜斋刻本。此潘郑盦得刘燕庭手批竹汀日记，只《所见古书》二卷有批注，因重刻此二卷，而以小字套朱印喜海手批于书眉行间。刊未精，套朱亦多变黑，然传本至稀。偶得之徐绍樵许。

《振绮堂书目》

写本。经部佚去，存四册。绿格巾箱小册。诸书非只条记书名，亦多记刊抄、卷数、序跋、藏记，取校活字本汪目，大异。得之来青阁。乙未冬日，余以来青阁估人之介，得旧本数十种于吴兴俞氏，云其书存杭州，为振绮堂故物。然其书多钤潘伯寅印记，又多有“书潜经眼”印，似郑盦身后未随榇南归之物，而久储都门厂肆者。庚寅早春，余在京师，曾访老书估韩子元于翰文斋，出视古书多种，以议价不协未得，忆与此似为一家眷属。俞君见告，尚有书数箱在苏州，皆明黑口本，为之神往。然力不足以举之，不敢问鼎。未几闻其书已由来青阁作介，售之北估，其详不可得而闻也。来青阁尚有清刻小册之有汪鱼亭印记者，俱以归余。此数册《振绮堂目》，似即当日售书底目。因意其人所藏，盖得之汪、潘二家者。伯寅所藏多明人别集，其人必高第，可见当时收书着眼于此，大可笑也。潘氏多钤印累累，巨者几径寸，凡十数钮，皆出赵撝叔手，亦不经见。

《归田诗话》三卷

弘治黑口本。十一行廿二字。双鱼尾，四周双边。板心中题“归田诗话几”，长卷头，通五十六番。前有成化三年四月二十有九日翰林院学士奉议大夫兼经筵官同修国史莆田柯潜序，成化二年岁次丙戌冬十一月穀旦赐进士前翰林院庶吉士文林郎河南道监察御史浙江辛卯解元八十翁钱唐木讷序，次目录。题“存斋瞿祐著”，卷尾有弘治辛酉季春月庐陵陈叙笃垕存斋诗话后序。收藏有“半槎”朱文长印、“惠定宇借观”白文方印、“诗龛书画印”朱文方印。卷前竹纸补写《四库提要》一叶，钤二印，一“玉雨堂印”，朱文；一“韩氏藏书”，白文。长卷头，柯序为第三叶，前失二叶，存斋自序也。此亦吴兴俞氏群书之一，棉纸初印，递藏四家，为小品中精品。余旧有佑所撰《通鉴集览镌误》三卷，系常熟瞿氏物，与此板刻纸印并同。后有清常道人跋，卷前有季振宜、张学仁印，失去刻书序，仅存永乐旧序，遂目为旧刻，其实非也。

《诸葛武侯十六策》一卷

嘉靖刻本。白皮纸印。九行十七字。白口，左右双边。板心中题一“策”字，下记叶数。卷尾一行云“都司都事河东陈大纪刊行”。后有“叙武侯十六策”，叙末属“嘉靖十一年太岁壬辰夏五月哉生明古吴查应兆谨著”，叙略云：“侍御曲沃李公，业承家范，忠输王室，夙念武侯之烈，乃者直指东辽，特出厥书梓之。”是为嘉靖中辽东刻本。写刻精劲，浸有古意，绝无中原雕板方板甜熟之态。纸极薄而坚，且多截纸。册前有“平原中子”白文长印，“切问斋藏”白文方印，又曹溶二印疑伪。戊戌夏首，估人汪某得于吴兴，持来售余。先是，静安寺有旧书肆汪姓，与余旧识，其人不知书，所陈无佳本。然每过其地，辄与闲话。汪某有弟非业书者，亦不知书，常奔走江南乡镇买书，每有所得，辄由汪某售去。后渐与诸肆交易，袁西江、萃古斋、徐绍樵皆其受主，余间从诸肆得其鳞爪。许自昌家集等得之昆山叶氏，叶九来后人也。硖石徐氏、蒋氏诸书尤精，有宋刊棚本王建《宫词》残卷、吴兔床稿本等。吴江书少，亦得朱墨附图本《绣繻记》等。诸书皆未见，或丙申南游，致交臂失之者。此《武侯十六策》，云奔波赤日下十日，仅乃得之者，与残本嘉靖刻《诗准》《元曲选图》一册同归于余。时已不购书，仍买此者，不欲其失望而去也。

《晞颜先生诗集》

天顺刻。黑口本，十一行廿字。四周双边。大题下双行云“门生汤澂编录、同郡陈宏校正”。前有长洲陈颀序。卷末有刊书跋，失去半叶，不知谁撰。全书九十九番。诗凡四百篇，以类相从，凡在朝、纪行、述怀等廿二类。黄棉纸印。收藏有“听翁”朱文方印、“金星轺藏书记”朱文长印、“汪鱼亭藏阅书”朱文方印，又浙东汤氏二印。壬辰冬日，居湖上十日，得暇辄过坊肆，得元本《范文正公集》于松泉阁，主人又出此书见示，末叶割去两行，不知完缺。估人执以为元张翥集，余读陈序，知作者杨姓，非张翥也。告之，意颇不慊，执以为元板，索重直。余以其稀见，且有文瑞楼、振绮堂两家印记，亦不欲弃置，终买之归。检阅卷尾，方知割去两行，已非完本，意颇憾惜。后一年，更游湖上，主人执一册见示，曰前书后半已于故家收得，仍留以归余，仍前一册之价。余亦不吝，而特喜其得剑合珠圆也。按《振绮堂目》著录此书，云曾归曹倦圃，不分卷，二册。咸丰兵燹，此书即成劳燕。越九十五年而得重圆，真为快事。此吴县杨翥仲举撰。诗甚凡俗，而流传绝罕。竹垞选明诗，借翥集于汲古毛氏，钱牧斋评翥诗云：“宜亟焚毁，勿暴其短于后世可也。”语特尖酸。然其几于湮灭，不正以此乎。以翥卒年及编刻时代推之，集当刊于天顺中。

《切韵考》四卷

清初精刻，巾箱本。十行十九字。上下黑线口，单阑。板心上左侧记字数，下右侧有“穆伯芳刻”四字。卷耑广陵李鄴自序，序后列卷目，为集说、图表、韵谱、切法。卷尾有门人沈灏校刊书后。卷前扉叶题“江都李衡山著、字韵考嗣出”，钤一朱文大方印曰“[illegible]收藏印记”，有“安序堂藏书记”朱文长印、“中鱼”朱白文连珠印、“士乡堂珍藏”朱文小方印。此亦丁酉首春得硖石人家书之一。余不知韵学，特以陈仲鱼物得之，诸印皆不经见。

《人物志》三卷

明刻蓝印本。八行十六字。白口，单边。前有阮逸序，次原序，大题“人物志有序”。第二三行列撰著人、注者衔名二行，曰“魏散骑常侍刘邵撰、凉儒林祭酒刘昞注”。次目录，卷末有文宽夫题，次邵与昞记，宋庠撰。最后左冯翊王三省后序。棉纸，蓝印，甚精。包背装，三册。孙氏小绿天遗书。庚寅秋九，与士礼居跋《救民急务录》同收，有“支印世济”白文方印、“诵芬”朱文方印、“求是室藏本”朱文方印、“云轮阁”朱文长印，“荃荪”朱文长印。《人物志》明刻有正德本，行格未详，又有嘉靖己丑、隆庆壬申两刻，行格与此正同。诸本大抵皆有王三省跋，未见原书，不知异同何若。以余目验，此本殆正、嘉之际所刻。

《咏情草》

万历刻。九行十八字。白口，左右双边。前有辛丑九月太原王穉登、许玄祐诗序，次辛丑八月中秋前一日安国钱希言《咏情草》题辞，皆手书上板。卷尾卧云居士许自昌自识。黄皮纸印。通十五叶，序跋七叶。藏印有“心扆”朱白文小印，在王序前、“许印自昌”朱文长印，在钱氏题词前、“东吴”朱文葫芦印、“万山楼”朱文长印、“许虬私印”白文方印、“竹隐”朱文方印、“丹臣”朱文方印、“心扆之印”朱文方印。以上六印在卷首。卷尾许自昌自识后余纸，有许元方墨笔楷书跋六行：

> 先君子诗集，有《咏情草》《百花杂咏》《卧云稿》《霏玉轩》《秋水亭》《樗斋》《唾余草》行世，《咏情》则最初刻也。凡先君子片纸只字，得之遗编破簏中，罔不奉为拱璧，而况寄情于吟咏者乎？居常每恨生晚，独不及展诵《咏情》，为一生欠事。忽一日，玄圃陆师袖此草以示余，余不觉悲喜交集者久之。嗟乎，而今而后，可释憾于梦寐间矣。殆将拾袭以藏，永永珍为先世之手泽，敢复致有遗珠之叹乎哉！时崇祯乙亥八年中秋六日未刻，识于静闻居之海棠花前。

跋后钤“西民”白文套边方印。元方跋后有许心扆墨笔跋二通：

> 康熙癸丑年，先严选人留都，征序十三篇，自为手订推敲，一二字间，务期尽善而后已。甲子秋楚任归田，已录七律矣，余稿具在，幸未散失。壬辰初夏，心扆识。
>
> 此册末叶另数行参阅之。丙申秋记。

卷中朱墨校改几遍，朱笔出许竹隐，丙辰北行舟车中所订，卷中有记事数条，第五叶书眉有丹臣墨书云：

> 此册墨笔未知谁手，俱非先子书，改句未妥。丙申七月十六日申时附识。紫逊弟同阅片顷。丹丞

《卧云稿》

万历刻本。八行十八字。白口，单阑。前有万历壬寅季秋之望娑罗道人屠隆序友弟张士骥坦之书，万历壬寅季冬望后友人陈继儒序，次目次，卷末有万历壬寅季秋既望郡人钱允治题。序跋皆手书上板。收藏印记有“许印自昌”朱文方印、“许印元方”朱文方印、“许虬私印”白文方印、“许印心扆”白文方印，以上四印在屠序前；“美人兮天一方”朱文长印、“吟诗一夜东方白”白文长印，以上二印在目后；“半亩梅花”白文方印、“许印自昌”朱文方印，二印在卷耑；“结缘”白文套边圆印，“霏玉轩”朱文长印，此二印在卷尾。钱允治跋后有许心扆三跋：

康熙庚辰年六月重装，读于南阳尺木居之小楼下，子孙其永传之。

下钤二印："心扆之印"朱文方印，"高阳葵园藏书"白文方印。

丙申年七月十六日，紫逊弟甲刻来霏玉轩，诵之，云照原稿刊。

云先中秘公与永洲公淡远秾郁之殊，各成一家。戊子年鱼渊兄、钦莱甥已有此论，即《园居》五律一首云，良然，良然。

《咏情草》黄棉纸印，《卧云稿》白棉纸印，二十五叶，序跋、目录十三叶，合装一册。《卧云稿》亦有虬朱笔改订，墨笔识语，记旅途琐屑，盖北上时所作。得于萃古斋，为汪某于昆山搜得者。后数日，又得许竹隐诗旧抄一册，亦汪某所携来者。此为余得梅花墅许氏遗书之始。先是，余收明刻《烟花小史》八种于孙实君许，云得之吴下文学山房。卷中有"高阳葵园藏书"印，知许氏书已先由吴下估人得其数种矣。高阳叶氏为叶九来女，许丹臣妇，藏异书不少，海源阁藏书中有出其所藏者，印记并同。许氏遗藏，或仍藏甫里，或已移皮妇家，不可得而详也。余尚于徐汇故友唐君纸铺中得见旧本不少，皆蠹吻如丝，中有许玄祐所刻皮陆集，及他明刻残叶，卷中有玄祐名印，知亦甫里遗藏。曾得晚明人集旧钞，为禁毁无传之物。诸书最晚为乾隆中物，有抄本薛生白杂剧，有沈椒园旧藏之乾隆刻《说诗晬语》，有王冈龄

《盘溪酬倡集》等二集，皆乾隆刻巾箱小册。同时又于地摊上见残零册籍不少，一望而知为同出一家之物，因踪迹得书主昆山叶姓，以善价得残本《词林逸响》一册、《红萼轩词牌》一册，所冀梅花墅五种曲尚在人间也。然其人后不更至，未几而吴下文学山房估人又挟许自昌诗三集继至。

《唾余草》

万历刻本。八行十八字。白口，单边。诸集唯此为写刻本。前小引末属“万历庚申中秋残月下朗道人沈颢题于曼陀罗舍之□关”，此序手书上板，原书九叶。

《秋水亭诗草》二卷

万历刻本，八行十八字。白口，单边。前有邢侗序，次王稺登序，次娑罗道人屠隆序。首钤二印，“玄祐”朱文套边方印，“许自昌印”白文方印。

《樗斋诗草》二卷

万历刻本。八行十八字。白口，单边。前有邢侗序，沈永昌隶书上板。又陈继儒序。以上三集，俱题“茂苑许自昌玄祐父”，当亦出自甫里。后余更收《甫里许氏家乘》稿本二册，万历刻玄祐父母志状等，甫里许氏世系为之大明，足纠叶菊裳之失。且知许氏以善贾而富，多交当代名流，万历江南名士于梅花墅之一花一石，莫不有诗有记，而独于梅花墅五种曲绝无一言及之，惟见陈廷望《含翠轩诗钞》中有

《登许子逊之堂观梅花墅五种曲》之作，子逊即丹臣跋中之紫逊弟。当时视传奇为小道，非士君子所宜言，即偶刊之，亦必掩去姓名，但存别号。祁幼文搜明人传奇最富，崇祯中抚吴，不废访书，于自昌所作，亦只见《橘浦》《水浒》二记，《节侠》《红丝》二记别题许三阶，可见不欲人知，而人亦不能尽知也。异代而后，取重鸡林，乃在于此，而所刊《太平广记》、皮陆集、青莲诗不与也。许集七种，《千顷堂目》亦未之收。郑西谛留心曲家之作，曾得玄祐诗一种，赵斐云于《书目》序中特揭出之，苟令见此，不知更作何语。

《楝亭诗钞》八卷、《诗别集》四卷、《楝亭词钞》《词别集》《楝亭文钞》

康熙精写刻本。千山曹寅子清撰。此清初名集，亦余早岁辛勤求取之书。三十年来，收储略备，藏书甘苦，人所不知，一旦迷失，能无憾惜。幸曾借旧友周玉言兄传一副本，不致湮没。周君总角相知，即相与论雪芹曹氏之书，十年后而玉言有考释出，又十年而以红学家称，更十年而笔舌尚在，可云大幸。余则偶以故书资粮，供其考索耳。子清此集，刊非一时，全书盖少。初余于己丑冬日南游，路过南昌，尚有书肆，偶见此书残帙，还价未谐，未之得。归沪后始于望江余氏诵芬阁得《诗别集》一册。石麒又持盛宣怀家藏《词抄》《文抄》一册来，上有愚斋大印，收之。又于估客书包中得《词钞别集》，至此但缺诗集八卷矣。徐绍樵得九峰旧庐书数百种，约余往观，于书丛中抽得此集，几疑梦寐。尚是开花纸印本，为真州吴氏有福读书堂藏书。急挟之归，不与论价。盖至是而始成完书，前后已数年矣。近以病闲，追忆亡书，写为此录，旧目不存，但凭记忆，兴至即书，不复诠次，多记故事，亦及估人。留待他年，亦海上书林掌固矣。又偶得片纸，记群书行格、序跋、印记，亦为写入，不嫌𫌀缕。惟求书虽勤，读书日少，过眼烟云，多未终卷，遂不能校雠异同，论其得失，随笔书之，殆亦赏鉴之支流，不足以言著述。徒以寒士青毡，聚之匪易，青镫夜永，时复上心，聊书所忆，驱我寂寥。一卷既终，漫书末简。甲寅夏至前一日镫前记。

前尘梦影新录五卷目

《唐宋诸贤绝妙词选》十卷万历翻宋本

《中兴以来绝妙词选》十卷万历翻宋本

《诗人玉屑》存十六卷明初翻宋本

《韩诗外传》十卷嘉靖芙蓉泉书屋刻本　祁氏寓山藏书

《韩诗外传》存五卷嘉靖芙蓉泉书屋刻本

《韩文》嘉靖游居敬刻

《三仕草》清初刻

《田间集》康熙刻

《所知录》三卷旧钞本

《所知录》存卷上旧钞本

《瘗鹤铭考》康熙松南书屋刻　吴骞藏

《诗经》八卷嘉靖巾箱本

《宝闲堂集》四卷、《乡山词》四卷张四科　乾隆刻

《春桥草堂诗集》八卷、《小长芦渔唱》四卷朱芳霭　乾隆刻

《鸣鹤余音》明初黑口本　天一阁藏书

《唐词纪》万历刻

《花间集》十卷、补二卷万历刻

《玉厓诗集》十卷上海姚章　嘉靖刻　缺　天一阁藏书

《北窗偶谈》三卷雍正刻　戈载跋

《濡雪堂集》三卷余元甲　雍正刻

《梦溪笔谈》弘治刻　缺

《云龙先生文集》明初刻　缺　澹生堂藏书

《高太史大全集》景泰刻　缺　汪士钟藏书

《皃藻集》五卷成弘间黑口本　缺　王宗炎藏书

《南涯集》三卷康熙刻

《名贤丛话诗林广记》正统刻　缺

《曲律》四卷天启刻　缺

《皇明制书》二十卷万历刻　缺

《经咫》乾隆刻　王芑孙跋

《强恕斋诗文抄》九卷乾隆刻

《一瓢斋诗存》　卷、《一瓢斋诗话》《吾以吾鸣集钞》《旧雨集》二集薛雪　乾隆刻

《抱珠轩诗存》六卷薛雪　乾隆刻

《斫桂山房诗存》六卷薛雪　乾隆刻

《唐人小律花雨集》二卷薛雪选　乾隆扫叶庄刻

《离骚草木疏》四卷卧云山房影宋钞　拜经楼藏

《盐铁论》十二卷嘉靖猗兰堂刻本

《礼记集说》明凌刻本　寓山祁氏藏书

《野客丛书》三十卷附《野老纪闻》嘉靖王穀祥刻　涉园张氏藏书

《太上感应篇注》嘉靖刻　缺　天一阁藏书

《后圃黄先生存集》五卷嘉靖古林山房刻　缺

《晏子春秋》二卷万历　吴怀保刻本

《青楼韵语》存二卷万历刻本

《昌黎先生集》东雅堂刻　江声、沈彤校本　缺

《真诠》三卷嘉靖刻

《养真机要》明皮纸蓝格钞本

《環山诗钞》方士庶　乾隆刻　汪氏问礼堂藏书

《北行日谱》清初刻

《峤雅》清初刻

《赤雅》三卷旧钞　陆氏奇晋斋藏书

《春雨楼集》　卷沈彩　乾隆刻

《西京职官印录》二卷徐坚　乾隆怀新馆朱钤本

《金仁山先生集》六卷雍正乙巳刻本

《梅道人遗墨》二卷清初钱棻刻本

《司马文正公集略》七卷嘉靖刻　古香楼藏书

《续通鉴长编》旧钞本　缺　古香楼藏

《续古印式》二卷乾隆醉经楼刻本朱钤本

《飞白录》二卷嘉庆薛荔轩刻本

《衎斋存稿》马思赞　旧钞本

《类说》周春　稿本　缺

《诗源越二》清初刻本

《西庄始存稿》乾隆刻　平阳汪氏藏书

《完玉堂诗集》十卷释元璟　乾隆刻

《梅会诗人遗集》康熙刻　缺

《续词苑丛谈》严蔚　稿本

《南部新书》旧钞　缺　严豹人藏书

《载书图诗》康熙刻

《入吴集》

《秦淮杂诗》

《冶春绝句》

《焦山古鼎图诗》以上皆王士禛撰　顺康中单刊本

《浪淘集诗钞》康熙刻

《西陴诗稿》康熙刻

《放鸭亭小稿》《环溪词》乾隆刻

《自春堂集》道光刻

《蕴素阁诗文全集》二十八卷、《啸雨草堂集》十卷道光刻

《溪山卧游录》四卷道光刻

《幼学堂诗文稿》道光刻

《多师集》　卷雍正刻

《抚云集》九卷雍正刻

《蘧庐诗》康熙刻

《直庐集》一卷、《使粤集》一卷、《归田集》一卷康熙刻

《燕堂诗钞》　卷、《小红词钞》　卷康熙刻

《痦研斋学文》雍正刻

《看蚕词》雍正刻

《林卧遥集》三卷康熙刻

《九谷集》六卷康熙刻

《古香楼诗稿》三卷、《词稿》一卷、《平北颂》附康熙刻

《杜韩集韵》三卷康熙古香楼刻

《梅雪堂诗稿》　卷、《词稿》《裘杼楼诗稿》　卷康熙刻

《小方壶存稿》十八卷康熙刻

《华及堂视昔编》康熙刻

《汪季青宴集宾朋诗》康熙刻

《敬亭集》十卷清初汲古阁刻　缺

《西归日札》康熙刻

《冈州遗稿》卷康熙刻

《研溪先生诗集》七卷康熙刻

《诗说》三卷康熙刻

《乙未亭诗集》六卷康熙桂森堂刻

《畏垒山人诗集》四卷康熙刻

《畏垒笔记》四卷康熙刻

《小南邨集》康熙刻

《改亭诗集》六卷、《文集》十六卷康熙、乾隆递刻

《己畦文集》二十二卷康熙刻

《百尺梧桐阁遗稿》十卷康熙刻

《锦瑟词》康熙刻

《棠村词》初二集康熙刻

《香严斋词》康熙刻

《岁寒咏物词》康熙芙蓉舫刻

《山闻诗》康熙刻

《后村杂著》三卷康熙刻

《性影集》八卷康熙刻

《揖山集》十卷康熙刻

《大山诗钞》康熙刻

《秋笳集》八卷康熙、雍正递刻

《南州草堂集》三十卷康熙刻

《千顷堂书目》　卷《适园丛书》本　费寅校

《松江韩氏书目提要》　稿本

《文正王公遗事》旧钞　吴枚庵校

《宋文鉴》嘉靖刻　缺　李南涧藏

《宋文鉴》宋刻明修本　缺

《宋文鉴》嘉靖刻　缺　世学楼藏　莫友芝藏

《绛云楼书目》黑格旧钞

《华阳国志》十二卷嘉靖刻　缺

《乐府补题》乾隆郁氏东啸轩刻巾箱本

《金谷遗音》道光刻毛斧季校宋本

《篢笠轩仅存稿》乾隆刻　何梦华藏

《瘦吟楼词》康熙刻

《栖香阁词》二卷道光李氏闻妙香室刻

《瘦吟楼古今词选》十二卷康熙刻

《埤雅》　卷明初黑口本　缺　萧穆藏

《埤雅》卷明刻　顾梁汾藏

《西斋三种》嘉庆刻　翁方纲藏　叶志铣跋

《冬青馆甲乙集》乌程张鉴　道光刻

《缘庵诗话》三卷李堂　道光刻

《江表志》三卷赵素门手抄本

《金门稿》　卷、《湘瑟词》四卷康熙刻

《秋水集》四卷附诗余康熙刻

《忧患集偶抄》康熙刻

《影园瑶华集》三卷乾隆刻

《鹊亭乐府》四卷康熙刻

《二初斋读书记》十卷嘉庆刻

《蓉槎蠡说》　卷康熙七略书堂刻

《翁氏家事略记》道光刻

《红萼词》二卷康熙刻

《清涛词》二卷康熙刻

《陆密庵文集》二十卷、《诗集》十二卷康熙刻

《春晖楼四六》康熙刻

《空明子集》康熙刻

《花外散吟》乾隆刻

《艮斋文集》四卷乾隆刻

《半舫斋古文》八卷乾隆刻

《潜研堂文集》五十卷、《续集》　卷嘉庆刻

《希音堂集》六卷道光刻

《简松草堂文集》十二卷、《诗集》　卷附《作令或问》嘉庆刻

《知还草》五卷嘉庆刻

《沽上醉里谣》陈皋　手稿本

《春凫小稿》乾隆刻

《蔗塘未定稿》《蔗塘外集》《莲坡诗话》　卷乾隆刻

《津沽杂事诗》乾隆刻

《铜鼓书堂遗稿》　卷乾隆刻

《存素堂文集》卷、《续集》卷嘉庆刻

《香叶草堂诗存》嘉庆刻

《冬花盦烬余稿》二卷嘉庆刻

《种榆仙馆诗钞》　卷嘉庆刻

《十经斋文集》四卷道光刻

《柴辟亭诗集》四卷道光刻

《匏庐诗话》三卷道光刻

《铜熨斗斋随笔》　卷道光刻

《交翠轩笔记》　卷道光刻

《论语孔注辨伪》　卷道光刻

《洺州倡和词》道光刻

《瑟榭丛谈》　卷道光刻

《谪麐堂遗集》　刻

《苏门集》八卷嘉靖刻

《橘巢小稿》四卷乾隆刻

《两当轩诗钞》　卷嘉庆刻

《力本文集》　卷乾隆刻

《玉句草堂词》三卷　刻

《妆台十咏》乾隆刻

《半园倡和诗》康熙刻

《吹香词》康熙刻

《香胆词选》六卷康熙刻

《江村消夏录》旧钞　缺

《塞外橐中集》乾隆刻

《集唾编》乾隆木活字本

《来鹤轩诗删》康熙刻

《曹州牡丹谱》乾隆刻

《菊谱》二卷乾隆刻

《质园诗集》　卷　刻

《泊鸥山房集》　卷　刻

《皃亭诗话》三卷嘉庆刻

《苇间诗集》五卷康熙刻

《姜西溟先生文钞》四卷乾隆刻

《湛园未定稿》六卷乾隆刻

《湛园杂记》四卷　刻

《国朝上虞诗集》　卷道光刻

《晚闻居士遗集》　卷嘉庆刻

《冰庵诗抄》八卷乾隆刻

《祁忠惠公遗集》　卷道光刻

《餐玉堂诗稿》稿本

《屈翁山诗集》　卷附《骚屑》康熙刻

《读画录》四卷康熙刻

《字触》　卷康熙刻

《泊斋集》三卷康熙刻

《藕华园诗》　卷康熙刻

《息影斋诗钞》　卷乾隆刻

《妙叶堂诗钞》雍正刻

《话堕集》乾隆刻

《国朝禅林诗品》　卷嘉庆刻

《看云诗稿》　卷乾隆刻

《小竹山人诗集》三卷道光刻

《南楼吟稿》二卷乾隆刻

《生香馆诗》二卷、《词》二卷嘉庆刻
《听松楼遗稿》四卷道光刻
《春驹小谱》　卷乾隆刻
《静便斋集》　卷乾隆刻
《小石山房文一刻》乾隆刻
《乐圃余稿》　卷康熙刻
《南垞诗稿》　卷乾隆刻
《放胆诗》二卷康熙刻
《史记》百三十卷嘉靖震泽王氏刻
《洹词》　卷嘉靖赵府味经堂刻　缺
《教家要略》　卷嘉靖刻　天一阁藏书　缺
《后山诗注》　卷弘治黑口本　缺
《后山诗注》　卷武英殿木活字　赵宗建批
《鹤山大全集》兰雪堂铜活字本　缺
《初唐诗纪》万历吴琯刻　缺
《周止斋集》道光刻
《味隽斋词》一卷道光刻
《侯鲭录》八卷嘉靖刻　缺
《宋诗纪事》一百卷乾隆刻
《列朝诗集小传》　卷康熙刻
《水经注释》　卷乾隆小山堂刻
《敦夙好斋诗》　卷、《续编》　卷道咸中刻
《匪莪堂文集》五卷光绪刻
《食旧德斋杂著》光绪刻

《尚书隶古定释文》八卷嘉庆刻

《学诂斋文集》二卷光绪刻

《悲盦居士诗剩》一卷、《文存》一卷光绪刻

《拜竹龛诗存》六卷、《钓船笛谱》一卷道光刻

《鹤泉文钞》二卷、《文钞续选》八卷、《集唐》　卷嘉庆刻

《产鹤亭诗九稿》乾隆刻

《巢林集》七卷乾隆刻

《王复斋钟鼎款识》积古斋刻

《寿平堂稿》雍正刻

《宝锳斋诗录》　卷道光刻

《天真阁集》　卷道光刻

《学古集》四卷、《牧牛村舍外集》四卷附《诗论》嘉庆刻

《道腴堂杂著》《续杂著》《雪泥鸿爪录》四卷乾隆刻

《孱守斋遗稿》　卷乾隆刻

《孔堂初集》　卷、《孔堂私学》　卷、《王立父遗文》一卷乾隆刻

《茶山老人遗集》二卷乾隆刻

《槐塘诗稿》十六卷乾隆刻

《龙山诗话》　卷乾隆刻

《鸿泥日录》　卷、《续录》　卷、《鸿泥续吟》　卷道光刻

《享帚楼词钞》　卷道光刻

《吕衡州文集》十卷江都秦氏刻

《松邻遗集》十卷文楷斋刻

《东坡诗》　卷天顺刻

《复社姓氏录》《复社姓氏传略》道光刻

《历代纪元年表》扬州阮氏刻

《海日楼书目》稿本

《九峰旧庐藏书目》稿本

《经济类编》天一阁钞本　缺

《太平御览》明钞　缺

《盛明五家诗》明钞　缺

《江南春》一卷道光刻

《类编草堂诗余》四卷嘉靖刻　缺

《曲品残稿》远山堂钞

《秀濯堂诗》康熙刻

《愿学斋文集》　卷嘉庆刻

甲寅立冬前四日初纂，大雪前五日续纂竟，通二百七十二种，重装并记。

前尘梦影新录五卷

《唐宋诸贤绝妙词选》十卷

万历翻宋本。棉纸，初印。写刻精劲。前黄玉林序，手书上板，犹南宋坊刻之旧。序末三印作钟式、琴式，次目录。大题上有阴文花边装饰，亦宋本所有。目后有牌记三行云“万历龙丘舒氏宋板重雕”，不能确忆矣。卷前有“古司马氏”朱文方印，审是天一阁旧物。又嘉业堂印记。花庵此选，明季曾数刻，而以此刻为最精。万历甲寅有秦堣刻本，《四部丛刊》景印之，失去前茹天成重刻小引。其书系重校刻者，去此翻宋本远矣。此本传世绝罕，其《中兴以来》十卷，余收一全本、一残本，又见小绿天所藏一本。只此前集十卷，更未见有他家著录。戊子岁余于文海书店见郑西谛藏书二千余种，为蜀中大贾所得，有西谛手写《纫秋山馆行箧书目》一册，前有自序，自言得书辛苦。时余年少好事，遂奔走为赎归。凡借得黄金银币若干，亲持至市场易得纸币一袋，负之过市。而文海估人忽悔前约，时已向晚，余亦不欲更负此纸币归，以翌晨必不能易归假之友人之物，一转手间，所失甚巨，踌躇无策。时吴兴刘氏书为张叔平攫得，陈于文海，乃决以一袋纸币易书十种，此其一也。举债收书，而得书林豪客之名，其事端末如此。所得他书尚有残宋黄州大字本《东坡后集》五册，元刻《和尚语录》一册袁抱存故物，明钞《吹剑录》石湖卢氏印、玉兰堂印，季振宜、徐元梦、谦牧堂、结一庐诸家递藏，明钞《幻迹自警》棉纸黑格，楝亭藏书，明钞《天顺日录辩诬》黑格大字，极精，抱经楼藏，万历刻《嘉隆闻见记》楝亭曹氏藏书，嘉靖刻《山谷大全集》莫友芝校宋，明初刻《杜工部集》徐紫珊藏，嘉靖嘉趣堂本《世说新语》等。

《中兴以来绝妙词选》十卷

万历龙丘舒氏翻宋本。余既得前书，乃求此后集十卷以俪之，会王富山有之，遂以重直易归。卷尾一叶钞配，因刻书牌记在是叶，为人撤去，以充宋刻也。后更于小绿天遗书中见一本，卷尾牌记亦不存，为孙伯绳买去。后余更得一残本，存前六卷，印本转胜，有明人印记。后遂未能更遇。

《诗人玉屑》存卷一之十六

明初翻宋本。卷首一序，亦从原本抚刻，精妙绝伦。皮纸初印。己丑岁暮，余游京师，于隆福寺旧肆得之。存四册，尚是明人包背原装。卷中朱笔批点，亦出明人之手。时尚不知旧装之可重，付工重订，至可憾惜。尝取观堂校本少加勘对，佳胜不少。诸家汇校，似皆未见此。

《韩诗外传》十卷

嘉靖刻本。板心下有“芙蓉泉书屋”五字。棉纸，少后印。祁氏寓山藏书，有“祁奕庆读书记”朱文长印、“寓山藏书”白文方印。郭石麒得之山阴梅市，归余。

《韩诗外传》十卷

嘉靖芙蓉泉书屋刻本。此本为海虞瞿氏所藏，残存下半。棉纸，极初印，明丽照人。前五卷新纸抄配。《外传》有明嘉靖一代凡三刻，通津草堂、野竹斋二本及此本也。赵斐云云三本以此为最罕见，亦最佳。书刊于济南，芙蓉泉书屋为官廨一境。余别藏《杜律单注》为嘉靖景姚堂刻，为同时同地所刻，而开板风气大异。杜诗字体瘦削古拙，为北地刊书通常体态，《外传》则肥腴端凝，宛然中吴雕本也。余于此刻，凡得三本，又一本阔大初印，有安乐堂藏印，唯已撤去前序，染纸充宋，遂弃去。而沈与文本则未之见，苏献可本唯得一残册。然则斐云之言，亦未可尽信也。

《韩文》

嘉靖游居敬刻本。棉纸极初印。有练川某氏藏书印记，亦明人旧记也。原装六册。壬癸之际，偶游地摊，以五金收之。书非罕传，遇合甚巧。平生以廉直得旧本于冷摊，唯此一种。盖上海旧肆估人，每日辄遍历全市，凡摊上偶有好书，必为攫去，此本盖偶遗之耳。摊主告曾有嘉靖刻《山海关志》二巨册，为人买去，后遍询估人，皆不知有此事。

《三仕草》

清初刻本。王庭言远撰。刊刻类木活字。得之九峰旧庐王氏。庭明亡后仕清，尝从大军远定滇蜀，此集所作，皆在兵间，所存明清之际故实颇富。

《田间集》　卷

康熙刻本。桐城钱秉镫撰。饮光早入社盟，名在《南都防乱公揭》中。尝入闽粤，仕于南明行朝。桂林陷后，遁归乡里。此集罕传，禁书也。癸巳过萃古斋，见新收徐乃昌幼子书一批，堆置地上，检得此四册，有“积余秘笈识者宝之”印，积学斋中物有此小印者，皆铭心之品也。

《所知录》三卷

旧钞本。竹纸，钞白。卷前有“瑞轩”朱文方印，又莫楚生印。此亦钱澄之撰，唯不题著者姓氏。卷末附《(阮)［髯］绝篇》，纪阮大铖降清后，从大军入闽，死于仙霞岭上事，刻画生动，为人所称。此本细字，写手甚旧。瑞轩吴人，所藏皆佳册，无康熙以后本，余箧中多有之。曾闻老书估杨寿祺告其人姓氏，惜已忘之矣。寿祺言垂髫时曾从师入洞庭西山买书于人家，见有书一屋，深扃已百余年，陆续买出，历十数年始尽。每卷前但钤“瑞轩”一印。二十年前姑苏市上尚时时可见其书，今则绝无之矣。

《所知录》存卷上

旧钞本。大字，更旧于前书。卷前有“洗桐轩”一印，书出甫里梅花墅许氏。大题下著钱饮光姓氏一行，未及对校，不知异同如何。

《瘗鹤铭考》

康熙松南书屋刻本。汪士鋐撰。写刻极工致，笔端有静气，不以姿媚炫人。卷尾有三行小牌记。原石及打本存字异同，皆写为图，考证殊精。卷前有吴骞收藏一印，大方印，镌刻精甚，未见于拜经楼他种书上，知此本为兔床珍重也。丁酉开岁，于徐绍樵许得长安镇流出清刻小册数十种，皆有吴、陈二家藏记，而以此本为最精。估人告其地尚有兔床当年嫁女书数箱，心怦怦动，力促买归。后遂不能更得。

《诗经》八卷

嘉靖中巾箱刻本，小才二寸许。雕椠精甚。装八册，以浅绿腊笺覆面，亦二百年前所装池矣。得于一小肆。其肆所售皆新板旧书，从无旧本，偶然得此，甚快。

《宝闲堂集》四卷、《响山词》四卷

乾隆刻。临潼张四科撰。集四卷皆诗，大字写刻，殊精。此集甚罕见，乃在禁书目中。喆士亦风尘佳吏，居邗上久，与名士往还倡酬，集中多留连光景之作，又咏古器物诗，多古诗长篇。不知以何因缘，阑入禁网，殆别有故也。词四卷，宋体字刻。余所藏为林子有故物，宣纸阔大。

《春桥草堂诗集》八卷、《小长芦渔唱》四卷

乾隆刻本。桐乡朱芳霭吉人撰。词集四卷，余先得于石麒许，与他书同付姑苏故友曹有福君装池。为小燕族祖所见，手抄一本，因知吉人为当湖朱氏先德。因欲求其诗集，却不可得，藏书簿录亦无以之著录者。后数年，湖上估人陈氏乃以张四科集及此集来，板刻与词集正同，甚快意也。两集皆先得词集，后收诗集，遇合之巧如是。吉人此集有《　湖櫂歌》一卷，诗各有注，无异乡土小志。乾隆中此风颇盛，如曹庭栋《产鹤亭诗》一卷为“魏塘纪胜”也。此风扇自竹垞《鸳鸯湖櫂歌》，赵谷林刻《南宋纪事诗》亦与有力焉。降至晚清，此风尤炽，单刊小册，更仆难数。就中名制如范白舫《浔溪纪事诗》之俦，亦颇有之。随意掇拾，二十年来，箧中亦有数十种。如能广聚汇刻为风土小志，殆非无益事也。杭估陈士英，人以小六爷呼之，贫甚，复善病，居青年路，卖粥为活，其妇自当垆。陈少知目录之学，常于湖上诸肆转贩旧书，来沪售之。包子庄遗书散出，陈挟来沪，余收得不少，是为余识陈之始。后每过杭，辄访之于其家。尝于其小楼上选得鲍以文校钞本《北湖集》，又尝见黑格旧精抄本元人诗数册，板匡格式与文瑞楼抄本正同，惟板心下题别一斋馆名色，陈告余此亦金星轺家写本也。事大可信，惜未之收。陈每岁必来沪，每来辄有一二书见售，忆有李鹿山藏钞本元

人小集四种。后湖上诸肆渐厌薄之，不复能以佳本来，但时时自买一二清刻归余耳。后闻其死于肺疾，为之喑然。杭估多恶俗，如陈者不可多得。恍如鲁迅翁笔下之孔乙己，虽已是后辈，而风貌犹存也。

《鸣鹤余音》

明初黑口本。审视板刻，当出于成化中。黄棉纸一册。书根旧式，证其出于天一阁中。阁目著录。所收道家所著诗余、散曲，亦是秘书，收之于来青阁，或是李一氓物。

《唐词纪》

万历刻。吴兴茅氏撰。写刻。无序，有目。明人刻词总集，多翻雕宋人旧本，如《花间》《草堂》之属，无著述也。晚明以还，始渐自出机杼。陈耀文之《花草粹编》，不过取旧作合辑之耳。潘游龙《古今诗余醉》亦但巧立书名，别无义法。《草堂诗余》乃有新集之刻，至于再四，多无足观。只数书间收明人之作，尚可存明词十一于千百。此书专收唐词，至十数卷。《花间》之外，颇费工力，亦此种总集开山之作矣。清初刻《全唐诗》，亦以十卷收此种，同是此意，或有取乎此也。传本甚稀，世无著录。郭石麒于徐乃昌家见之，介以归余。积余生平收词集甚富，生前扫数归之闽侯林子有。然尚有余烬，皆绝精之品。此书外尚见皖人词集之原刻单本，如戴延介、方成培之作，皆精绝，后亦入余斋。

《花间集》十卷、补二卷

万历刻。棉纸，写刻。题“乌程温博补”，传本甚稀。旧有玄览斋巾箱本，影入丛刊，其精远逊此本。补二卷与《唐词纪》取径正同，惟篇幅少耳。近人李一氓撰《花间集校》，颇搜明刊异本，亦未见此。

《玉厓诗集》十卷

嘉靖刻本。皮纸，初印。明人旧装，存三册，书根旧式，为天一阁所写。阁书六十年前被盗，余曾得其草目，此本在焉，缺失并同。石麒介以归余。有“感烽楼藏”印记，不知谁何。集上海姚章撰，前有《玉厓生志》，系自为墓志，时年已八十余。章布衣未仕，馆于武林顾氏，诗殊工，颇留意民生疾苦，而名姓不彰，亦不幸也。前有文徵明序，写刻，微作隶势，精雅绝伦，于明刻中可谓上驷。卷末有“武林顾氏清泉馆雕”牌记。

《北窗偶谈》三卷

雍正刻本。胡彦颖撰。写刻精甚。大册，宣纸初印。得之吴下。戈小莲藏书，卷尾有手跋一行。此论音韵之书，传本甚稀。小莲亦究心此事，撰《词韵》，知名于时。其所撰《翠薇花馆词》卷帙甚富，余收道光原刻本，都四十许卷，盖随时付刻。尝见数本，最后始得林子有藏一本，卷数最足。其《翠薇雅词》初刻一卷本亦有之，《词林正韵》则先得四印斋本于津沽，后乃得原刻细校本于吴下。戈氏藏书，亦时时得之，近乃绝不可见矣。

《濡雪堂集》三卷

雍正刻本，小字精雕。江都余元甲葭白撰。四明卢氏抱经楼藏书，得之林集虚许。元甲有万石园，为邗上名迹，叠石出石涛上人手。元甲辈行甚尊，似不及见雍乾极胜盛之世。集中所与倡酬者，一二老辈而已。诗多古风长篇，惜未细读。

《梦溪笔谈》

弘治黑口本。存其半，棐印殊精。得于京师修绠堂书肆。写刻而风气微异，有腴美枯瘦二种，知当日手写上板，非出一人。欲求一全本，乃绝不可见。后孙实君收得群碧楼旧藏一本，以重直归之上海图书馆，余不及知也。

《云龙先生文集》

明初刻。此亦己丑冬日得之修绠堂者。衬订，残存五册。黄皮纸印。卷中有山阴祁氏澹生堂藏印，又有李木斋印，则估人后钤者，书非李氏物也。

《高太史大全集》

景泰刻本，写刻精甚。皮纸印，原装四册，今佚去第一册。有“汪士钟藏”白文长印。卷中明人朱笔批点，极古雅可爱。得之徐绍樵许。余先得残本一册于吴下，亦非卷首数卷，终不获全。此刻绝精，初入手几疑是嘉、万以后刻。明初刊书黑口者多，白口而精雕若此，殆不数见。

《高太史凫藻集》五卷

成弘间黑口本，微有残失，刻甚古拙。皮纸印本。有王宗炎藏印。此本罕见。青邱诗于明初为禁书，然有明一代，传刻不绝，岂明法不甚严耶？吴敬梓《儒林外史》记有降于宁王者，携一拜匣，中有青邱诗稿，留置友人处，几以此破家。此盖以清初文字狱事写入，假名于青邱耳。启诗余箧中尚有嘉靖刻一本，为最晚。

《南涖集》三卷

康熙刻。海盐彭孙遹撰。此为羡门康熙二年癸卯至丙午游粤之诗，及身刻之，全集则刻于身后者。《延露词》刻入清初词总集，似亦无单行原刻也。羡门父以江西布政使守赣州，死之。兄孙贻为遗民，撰述等身，多记明清易代之际史事。独羡门以文字受知新朝，然诗中感慨之句，自亦不免。小词香艳无俦，朱十、阮亭皆不及也。此本得之徐汇唐肆，为闽侯梁某物。

《名贤丛话诗林广记》

正统刻本。大黑口，存一厚册。约当全书四之一，为前集之后半。后有跋，题正统　年刊于关中。刻工极古拙，纸用桑麻料，色理苍杂，坚如绢素，而薄处几类蝉翼，帘纹甚阔。此书明刻多翻宋元坊本，曾数见之，嘉靖刻也。此本远在百年以前，且为关中古刻，绝可珍重。己丑冬游京师，于来薰阁后进书库中检得。同收尚有嘉靖重庆府黑口本《冲一迂谈》《蓝关》三书，崇祯刻《平海图》《雍熙乐府》等。

《曲律》四卷

天启刻本。竹纸，最初印本。王骥德撰。卷一佚去，卷尾附友朋投赠之作，皆写刻。此为名书，数十年前董授经重梓以行，始为世知。然所据原本缺叶，重刊时泯其原迹，为世所诟病。后北平图书馆收得一本，拟刊入《国藏善本丛刊》，以抗战起而中止，原书亦被劫去域外。今日国内所存，不知尚有别本否。越估谢上道，即挟山阴祁氏书出者，每有所得，多归郭石麒，后亦自贩书来沪。一日石麒告谢某来沪，即同访之于旅舍。绝无佳书，惟以重直收此及残本《彩笔情词》一卷耳。

《皇明制书》二十卷

万历刻本。张卤刻。皮纸，存一册。此亦在《国藏善本丛刊》目中者。所存一册为川、滇、黔、闽、粤、桂诸边徼地方建置，凡行政区划，兵卫设施，附以地图，并记出产方物之属，实为当日政治经济要籍。于少数民族及毗邻各国关系，尤多记述。实读明史所不可废，今日域内不知尚存别本否。

《经咫》 卷

乾隆刻本。陈祖范撰。前有小（象）［像］及总目。此为第一种，以下尚有诗文数卷也。王惕夫故物，有朱笔手跋二行，钤印累累。跋曰："此残册得于嘉禾市上书摊，珍重藏之。"时距此书初刊，不过十年左右，然已罕见如此。祖范集有《陈见复诗文集》八卷，乾隆刻，不知即此否。

《强恕斋诗文抄》九卷

乾隆刻本。张庚撰。此集罕见。余别藏《国朝画征录》《图画精意识》，与此板刻如一，当为同时所刊。

《一瓢斋诗存》 卷、《一瓢斋诗话》一卷、《吾以吾鸣集钞》一卷、《旧雨集》一卷、《旧雨二集》一卷

乾隆刻。薛雪撰。此数种合订一册。卷前封面有"修竹吾庐"白文长印。甲午春日，收于甬估林集虚许。同时所收尚有《汪柯庭集》等，皆一家所藏。汇诸种为一厚册，真读书者之藏书也。余之得雪集自此始。生白吴人，以医名。但好为诗，特好玉溪，于诗话中多论及之。与沈德潜、李果倡和，刻为《旧雨》二集，似同受诗教于横山叶氏者。诸集皆不见著录。

《抱珠轩诗存》六卷

乾隆刻。此亦薛生白集，得于吴下，与前数种刊刻正同。《北平图书馆善本乙目》著录，平馆所收，惟此一种。前有大字序，手书上板，序末有刊工姓名一行，似穆士芳镌。

《斫桂山房诗存》六卷

乾隆刻。亦薛雪诗，与前书刊刻如一。偶然抽得于上海书肆架上。卷首有“莫棠之印”白文方印。

《唐人小律花雨集》二卷

乾隆精刻本。此薛生白所选唐人绝句，前有凡例，微著选例。诸诗但录白文，不附评骘。得之吴下百城书店，重装藏之。又得甫里梅花墅书，中得雪所撰曲本，旧抄小册，绝无著录，因同付装池。生白所著所藏都九种，又得手书诗帖一纸，自谓书缘。

《离骚草木疏》四卷

明钞本。皮纸，乌丝阑。板心下有“卧云山房”四字。前序用六行格子纸，板心下题字如一。写手精绝，从宋本出，卷尾有宋椠刊书官衔名十余行。有范大澂图记四印，又“知不足斋主人所贻吴骞子子孙孙永宝”印。壬辰居京师，暇辄游厂肆，于小西南园雒氏书肆中见此，为之眼明。询价殊昂，以告孙助廉，为余谐价，尽一月粮，易之而归，颇喜归装之不俭也。雒氏人颇能谈，所售多考古类书，及学报杂志等，旧板无多，然颇有佳本，曾得沈西雍杂著原刻五六种，即天津劳氏所藏，建德周氏重刊之底本也。又得清初刻胡孝辕杂著二种，亦吴兔床物。范子宣书余前后凡收得四本。庚寅于甬上书船得《史记摘丽》十册，系范子宣待刻稿本。棉纸墨阑，大字精写，有印记十数方。又《淳化法帖释文》十卷，卧云山房棉纸黑格写本。又医方一厚册，亦卧云山房黑格抄本，忆其中有春方数种，详著用法，取对《金瓶梅》中所著品目，一一俱在，可征明中叶世风。而子宣藏书，与东明司马大异其趣。诸家藏目所著，不过十种。其罕遇难求，更远逾于天一阁书也。

《盐铁论》十二卷

嘉靖三十三年华亭张氏猗兰堂刻。题“汉桓宽撰、明张之象注”。棉纸初印。卷尾双行牌记。原装四册。收之于汉文渊书肆。此本刊于嘉靖季年，与通常嘉靖刻不同，渐开万历风气矣。

《礼记集说》

明凌刻本。墨印而不套朱。棉纸最初印，原装十二册，书签犹存。书名四字朱印，而以五色云纹作地，精丽非常。书根祁奕庆手写，有寓山字样。卷中有“祁奕庆图书记”。余向不收明刻套印本书，此以祁氏物破格买之。

《野客丛书》三十卷附《野老纪闻》

嘉靖四十一年王縠祥刻本，写刻精绝。卷尾有“长洲吴曜书、黄周贤刻”双行题记。余见嘉靖中吴开板之有二君姓氏者近十种，风格如一，皆精本也。此书板心下尚有刻工姓名，多至十余人。冀君（叔）［淑］英为赵斐云弟子，尝取明刻之有刊工姓氏者如干种，排比观之。诸书刊工同而风格异者，由于写手之不同，因知写勘雕梓二事，写官尤重。此本黄皮纸最初印，精彩照人。有涉园张氏藏印，又忠州李芋仙印记。己丑秋日，江南初解放，余发兴作金陵、镇、扬、苏、锡之游。临发过市，石麒示以数书，皆王绶珊家精品。王氏子售书，某君作介，取此数种为酬者。就中穴砚斋钞本《茅亭客话》《麈史》两种最为名物，皆有荛翁手跋，索价奇昂。余以前者宋刻尚在，后者亦尚有旧钞，遂倾囊得此《野客丛书》及天一阁藏《中兴闲气》《河岳英灵》二集而归。转瞬二十五年矣。

《太上感应篇注》

嘉靖刻本。皮纸。此亦吴曜书，黄周贤刻，开板之精，与《野客丛书》正同。冀（叔）［淑］英所集同为周贤所刻书凡四种，《方脉举要》为嘉靖三十三年黄鲁曾刻，大字精刻。又《孔子家语注》亦黄鲁曾刻，《唐诗二十六家》为嘉靖三十三年浮玉山房刻。后二种未见，不知亦吴曜所写否。冀君留意刊工，却未注意写官，因明刻之以写手姓氏附入者较刊工尤少也。然决一书之面貌风气者，实出写手，不可忽也。《感应篇注》为天一阁物，收之甬上。

《后圃黄先生存集》五卷

嘉靖二十九年古林山房刻本。棉纸，初印。此为徽郡黄氏刊书，秀丽清峭，实是佳书，惜佚去尾卷。刊工有黄玘、黄钿。

《晏子春秋》二卷

万历写刻本，颇精。棉纸初印，一册。尾有“万历　年吴怀保梓”一行。此本罕见。近人撰《晏子集释》，广搜旧刻校本，亦未及此。得之吴下文学山房。卷首有天一阁印。怀保所刻尚有《杜律七言注解》，题“万历十六年吴怀保七松居刻”，亦新安雕板，刊工黄德懋，曾刊汪一鸾《淮南鸿烈解》者。

《青楼韵语》存二卷

万历刻本。竹纸初印。得之吴下琴川书店夏淡人许。夏君虞山人，设肆护龙街上，小楼一楹，藏书满架。人甚平易，颇知书，余与之交易不少。楼上储残本，颇有秘书。常买书于常熟，曾以《旧山楼书目》抄本一册遗余，言其书尚可踪迹。于元明杂剧之外，尚有钱柳稿本多种。宋元本之未见著录者，亦十种。又张江陵集，最所珍重，详记于目中。余倩渠询诸书下落，淡人惟笑而不答。《韵语》只存二卷，然精图犹存五幅，刻者黄端甫也。

《昌黎先生集》

明徐氏东雅堂刻本，存二厚册。竹纸后印，间有缺番。江声、沈彤朱墨笔校本。每卷之首皆钤“江声”“飞涛”朱白文连珠小印，卷各不同，镌刻精绝，约存十数方。卷中有沈彤朱笔题记，细字行草，篇幅几满，书法秀媚，阅之忘倦。是中吴校书家之佳制，能传义门余绪者。一日过吴门，夏君淡人手此二册见示，喜而留之。淡人知余不弃丛残，因留以见赠也。

《真诠》三卷

嘉靖刻本。题邗上玄同子撰。白棉纸本。卷首有“平泉山人”朱文方印，明人印也。此道家言，颇记御女之方，亦明人习俗之见于载记者，不可废也。石麒得于吴下，以之归余。

《养真机要》

天一阁棉纸蓝格钞本。道家书也，亦言黄帝御女成仙、交欢大乐之术，真妄言也。戊子岁所得嘉业堂刘氏书之一。时方见《双梅景阇丛书》，少年好事，乃收得之。

《环山诗钞》

乾隆刻本。方士庶撰。上下黑口，大字，刻不甚精。戈戋小册，传本绝稀。卷首有汪氏问礼堂藏印二方，汪喜孙物也。积学斋物，得之温知书店，为所藏画人集名物之一。

《北行日谱》

清初刻本。此晚明史籍名书。当时似未付刻，传世无旧本。此殆原刻最早之本，得之徐汇唐肆。

《峤雅》二卷

清初刻本。邝露撰。此为名集。大字写刻，精甚。纸白如玉，墨光照人。九峰旧庐书。余得之静安寺汪估许，颇出重直。此本后曾见有石印巾箱景印本，亦殊不恶，然则此必原刻矣。而卷首大题下有套边篆文牌记一行，云“来孙瑞重镌”，一若尚有原刻者，不知何也。露于清兵入广州日，抱琴赴水死。此集如有原刻，必当在生前也。卷首附诗话一卷，多著阮大铖评语，特胜称美，谓露诗诸律“以曹刘鲍庾之才，降就沈宋之法，超百粤而孤出，陵三唐而特奏”。阮髯后降清，身名俱裂，露集不应仍著其评，似亦早年编集之证。惜此集已付劫灰，不能更为考定矣。王阮亭论其诗云：“九疑泪竹娥皇庙，字字离骚屈宋心。”则知言也。

《赤雅》三卷

旧钞本。邝露撰。有“某谷”朱文小印，陆子章所藏也。余于壬癸之际，数游当湖。偶与静安寺汪估相值，汪亦来买书，遂由渠导引遍历数家，皆为近时印本，无可当意。

最后始于一老先生许得见此册，遂买之归，颇自喜也。此书旧曾有一抄本，亦颇旧，惟不及此册之精雅耳。奇晋斋主人收藏颇富，惜早散佚，无书目传世。葛氏传朴堂多收乡邦文献，余得其藏书底册，亦未见有烜所藏佳册。此本得于当湖，当是遗芬散馥之仅存者矣。

《春雨楼集》　卷

乾隆刻本，写刻精雅。沈彩虹屏撰。卷前有彩小景，题“青要山人小象”，作圆边，如临妆镜，鬟鬓之间，淡墨晕染。白纸印本，得于秀州书社。此为名集，郑西谛曾得一开花纸最初印本，甚珍重之。庚寅秋日，西谛过沪，时所藏书尚堆置庙弄旧寓，西谛拣数册于旅寓中读之。余访之于大西路乐义饭店，灯下见之，为之眼明。书凡两册，无小景，每册前钤作者名印二，镌刻精绝。犹记其一为“青要山人”白文小印，精整而古，大类汉人玉印。西谛绝爱重之。此书《西谛书目》中未收，不知流落何许矣。虹屏为陆子章侍妾，尝于孙实君许见明游明本《史记》，首册目后有虹屏小楷手跋数行，精雅绝伦，以之为中统本固微误，然跋文雅饬，于板本之事亦非浅尝者，大是难能。惜价昂未收，然实梦寐不能去也。严九能得一张秋月，王惕甫得曹墨琴，皆有名，然皆无撰作。虹屏行辈较先，更有此集，当是个中翘楚矣。

《西京职官印录》二卷

乾隆怀新馆刻朱钤本。此光福徐友竹坚所抚刻也，雕椠精绝，几如原制。前序手书上板，雕镌亦特精雅。数十年前曾有景印之本，此则原刻，两册一函，新若未尝触手。偶见于书肆架上，急买归。坚字孝先，世居苏州光福，世有诗人。坚一生作幕，未尝入仕，为毕沅所重，曾数游西京。沅幕多通儒，沅尤爱金石，坚得其赏誉，殆亦以此。初余于吴下得其所刊《金兰集》，为金元功藏本，始知坚姓氏。后于士礼居题记中见所得光福徐氏书，疑为坚所藏，而未确也。后乃于吴下收得旧钞坚自叙一册书名似《余冬琐录》，不能确记，始得悉坚生平。此自叙合众图书馆亦藏一本，且覆印，惟所记至七十岁而止。余本则止于九十一岁，后亦无跋尾，终不知其卒年。自叙所著平生出处甚详，琐琐有致。于幕游生涯，师友往还，书画金石，以至行役舟车，闲居清况，都入卷中，读之忘倦。而康乾之际文士生涯，乃跃然如见矣。曾记得古铜印曰“卓荦精庐”，每钤于所得书册之上。因忆所藏张月霄家明钞《雪溪诗》，卷前有此印记，检视果然，宿疑顿释。此印为汉人佳制，不当在明人写本之上，旧已疑之，今始知其为光福徐氏所藏也。又尝得估客箧中坚所制《岳麓双松图》轴，颇高古，亦重装藏之。又数年，乃于海上书林得《茧园烟墨著录》二卷，一册，嘉庆中石契斋刻本，雕椠精绝，作颜平原书体。其书所著为坚所制书画巨迹著录，自引首题诗，以至卷尾题跋，一一著录，所涉坚生平师友者不少。此种个人著录，他未之见，可证坚之好事。此册之刊刻考证，多出沈钦韩手。又于吴下收得《光福徐氏家集》一册，为坚先世诗集汇刻之本，亦嘉庆中石契斋刻，写手雕工，与《烟墨著录》一般无二，编辑亦出钦韩之手。集共三种，曰《南峰杂咏》，它二种不能忆矣。乃未几又得此三集之原刻者于海上书林，皆乾隆刻。戋戋小册，非一时所刊，乃与重刊之本同集余斋，亦是胜缘。此有关徐孝先种种，俱从记忆中写出，诸书已亡，不能更为之作佳传矣。叶菊裳晚居光福，所著《藏书（记）［纪］事诗》为一时名作，然不记坚一字，可谓失之眉睫矣。

《金仁山先生集》六卷

雍正乙巳金洪勋刻，写刻殊精。前有小（象）［像］。得之王绶珊家。此宋兰溪金履祥撰，宋元人集之清初重刻本多精罕可珍，惜收书时未多留意，只得其尤精妙者买之，只十许种。今乃不可更遇矣。

《梅道人遗墨》二卷

清初刻本。此元吴镇集，嘉善钱棻所重刻者。写刻不甚端楷，而古意纷披。不著刊刻岁月，当在明清之交。余得棻所刻书不少，《建文逊国杂史》等，皆崇祯中刊宋体字本，与此不类也。书为祝小雅藏。小雅名廷锡，藏书颇富，而喜校读，无多旧板，而所藏多有校跋。此早岁所散，后归九峰旧庐，余展转得于徐绍樵许。小雅又尝重刊《月隐先生遗集》，是祝渊后裔也。丁酉湖上估人又得其所藏数种，余买得康熙刻《虎跑寺志》、嘉庆刻《金鼓洞志》，皆不完，然皆罕遇而难求者。

《司马文正公集略》七卷

嘉靖刻本。皮纸，二册。此《集略》诗文合编之本，今只存诗七卷，刊颇疏古。有古香楼汪季青藏印。此为余收汪氏藏书之始，继此所得钞刻都数十种。清初江浙藏书家，流转至今，汪氏为最富矣。其书大抵有四明卢氏抱经楼印记，且都是抄本。

《续通鉴长编》

旧钞本。庚寅春日游杭，遍历诸肆，于清河坊旧肆架上尘封残册中搜得此书。存八厚册，写手极旧，清初钞本也。约存全书四之一。为古香楼汪氏旧藏。挟之过酒楼翻阅之，驱银鱼无数，座旁红褏掩鼻窃笑，此情此景，宛然如昨也。同收尚有钞本《钱塘遗事》，为黄氏琴趣轩藏本，有姚春漪跋。其本远胜俗本，显庆寺条记都人于鼓面大书十四字曰“净慈灵隐三天竺，不及阎妃两片皮”，俗本作“好面皮”，疲暖甚矣。酒酣耳热，拍掌大笑，便挟卷登车去九里松。此事可入张宗子《梦忆》也。

《续古印式》二卷

乾隆刻，钤朱本。海盐黄锡蕃椒升著。手书上板，诸印皆淡染，类宋元水印。所收亦不甚富，然传本则稀。醉经楼主人此书殆为清人论古玺印开山之作，荜路蓝缕，亦不可没。石麒以之见示，因收之。

《飞白录》二卷

嘉庆闽中刻本。张燕昌撰。每卷末有双行牌记云“三山薛荔轩刻”。集古今飞白书故事特详。燕昌能作此种，因留心于此也。得于来青阁。

《衎斋存稿》

旧钞本。狭行细字。马思赞书札底册也，其中颇存故实。此亦静安寺汪估得于盐官城中之物，皆残断不完，此小册独为全书。

《类说》

稿本。周春撰。此亦同来之物。犹是手草未定之书，涂乙满纸，粘补之叶，亦无叶无之。毛订二册。书名作者具从册中得之。春著作甚富，余有《松霭遗书》，中无此种，它亦未见有著录之者，殆未刻也。原书当八卷，此存其下半。

《诗源》

清初刻本。大题下有“越二”二字，不著撰人。前有目，所收皆明清之际越人之诗，名姓皆非常见。其著名作者，则禁毁目中人也。有潘承弼一印。清初此种总集颇富，皆在禁中，此书则未之前见。

《西庄始存稿》 卷

乾隆刻本。王鸣盛撰。写刻。前目与全书不合，实非缺卷。诗余编次变动，有以致之。《尚书后案》等亦集中，或原拟单行，改而入集，遂有参差也。集颇罕传，郑西谛求之二十年，未能一见。余于无意中得之徐绍樵许。卷中有“平阳汪氏藏书记”及“镜汀”小印，为艺芸精舍故物。

《完玉堂诗集》 卷

乾隆刻本。释元璟撰。写刻精甚。前有总目，集十卷，卷各有题。编年而以行脚所至，分为十集。喜记风土故实，其京师一卷，有记琉璃厂及上元灯彩耍货之作，至可喜也。二十年前奉先母游杭，于书肆收得一册，只存前半，重装藏之。十年后乃于海上书林架上抽得十卷全本，亟挟之归，未暇竟读，而沦劫火，念之无已。元璟，字借山，号晚香老人，天童寺僧。

《梅会诗人遗集》

康熙精刻本，存二册六种，殆得全书之半。《道南堂》一集，余先于吴兴刘氏得一本，中有旧人朱校，系从原稿校出者，后失去。又尚有《懒人诗集》等，不能全忆矣。梅里诗人辈出，皆朱十亲旧，文彩斐然。惟皆缅怀故国，不接世事，遂皆名姓不彰。此集流转甚稀，与《完玉堂集》同得于湖上。

《续词苑丛谈》

稿本。严蔚豹人撰。两册。竹纸毛订。吴下文学山房估人携来见售。此继徐釚书而作者，体制一如旧例，广搜唐宋以来说部，其为电发所未录者，条分而件系之。又有别纸十数叶未订，是续辑所得，重装入之。豹人与黄荛圃同时人，亦好藏书。士礼居中书多有得之蔚者，不知其有著作传世也。

《南部新书》

旧钞本。竹纸抄白。前有“严蔚”白文小印，微有缺失。此亦同来之物。卷尾有杨复吉手跋两行。

《载书图诗》

康熙刻本。此王阮亭自京师南归，朋交送行诗卷也。引首楷书书名四大字，次图，合二半叶而为全幅，出禹之鼎手，写凤城郊外，驴车三四载书簏，主人带笠与三四送行人话别。刊颇精，犹有晚明板画遗风。以下为记、为诗，一代名流，几尽在此。写刻颇精，为徐乃昌藏书。

《入吴集》

康熙刻。王阮亭早岁自刻小集之一。雕椠精整。前有叙。士禛顺治十五年进士，十六年为扬州府推官。此书及它种单行者，殆皆康熙三年官礼部前所刻。此册刊刻与《倚声初集》绝似，殆亦顺治中刻，至迟亦必在康熙初元也。徐乃昌书。

《秦淮杂诗》

清初刻本。小字，写刻精绝。清初写刻之书，与康熙以后风格自殊。同一精写，然有端劲与流丽之异，其后之日趋工整，生气渐漓，更无论矣。此阮亭早岁自刻小集，戋戋小册，流转绝稀。惜未及与《带经堂集》一校，不知有异同否。

《冶春绝句》

清初刻本，写刻精绝。亦王阮亭自刻小集之一，为司理扬州时所制，亦戋戋数叶而已。此种皆当日行卷之属，用以投赠者，存世不多，几同孤帙矣。

《焦山古鼎图诗》

清初刻本。宋体字刻本。首为鼎图，其后为王西樵、阮亭兄弟分咏。此书余箧中有二册，一为徐乃昌藏本，又尝于书摊得渔洋早岁自刻小集八册，中亦有此，它种名目，不复忆矣。

《浪淘集诗钞》　卷

康熙刻本。写刻。传本甚稀，未见著录。作者金人望，亦不知其仕履。庚寅得之徐绍樵许，重装藏之，未能读也。余肆力收明清人集部，得秘本不少，多半未读。今强半遗忘，能入此录者，不过十之一二而已。

《西陴诗稿》卷

康熙刻本。真州魏卫廓功撰。卫与吴嘉纪齐名，同为淮上高隐之士，而得名不如野人，后世几无知者，亦不幸也。此为焦里堂藏书，有“焦循私印”白文方印。卷中有里堂墨笔批，间著选字，是选诗底册也。余收此种不少。

《放鸭亭小稿》卷、《环溪词》

乾隆刻。江都陆钟辉撰。写刻，狭行细字。陆氏以刊《笠泽丛书》《白石道人歌曲》《南宋诗选》有名于时，其人亦富而好事，刻书校刊，多出陈玉几辈之手。此集罕传，世无知者，实亦无何佳作，诗酒唱酬，如马嶰谷兄弟而已，然不失为邗上故实。前有焦循名印，亦选诗底本。

《自春堂集》卷

道光九年石瓢仙馆刻本。丹徒杨铸子坚著。狭行细字。

《蕴素阁诗文全集》二十八卷 附《啸雨草堂集》十卷

道光刻，刻极精整。附集，子徵舆撰。此为周越然所藏，石麒介以归余。言言斋所藏精本，余未之见，所得皆余芬散馥耳。类此虽非名书，亦罕传精妙。

《溪山卧游录》四卷

盛大士撰。道光刻。此本世多翻刻，原刊罕见。此本偶见之书肆架上，与全集同时所刻，亟携归以俪全书，惜少敝旧。

《幼学堂诗文稿》

道光刻。沈钦韩撰。此为清人别集中最罕遇难求之品，虽近刊而流传绝罕。南昌路上有书摊，余时过之，偶与闲话，知曾于人家见此集，即嘱持来。书前有吴县孔氏藏印，其人颇藏善本，多为清刻。此八册书索直近百金，可谓昂甚。时在丁酉九秋。

《多师集》　卷

雍正精刻本。昆山朱以载撰。此丁酉春日，所得清人别集多种于来青阁者。时书价奇昂，每册三四十金，明刻则殊无定直，然亦不过转眼繁华耳。

《抚云集》九卷

雍正招隐堂精刻本。虞山钱良择木庵撰。此亦名集，孙毓修所藏，估人不之重，值奇廉。

《蘧庐诗》

康熙刻。序文写刻。吴兴韩纯玉撰。二十年前得之春秋书店。时陈乃乾亦在肆中，语余曰，此三册书绝佳，言毕而去。余不识乃乾，严阿毛告余如此。

《直庐集》一卷、《使粤集》《归田集》一卷

康熙刻。宝应乔莱撰。宋体字，结体厚重，为康熙前期刊板标准格式。应制诸作空缺抬头甚谨。莱父可聘，明季河南道御史，入清不仕，筑柘溪草堂、陶园以聚宾客，为东南人望。莱则与河臣靳辅持论不合，力阻其置闸筑堤、束水注海之议。莱所持论，实东南地主乡宦之见也，于此可见清初士夫朋党争竞之一端。莱终于放归，后奉特旨入京居住，盖深恶其号召地方与朝廷事事作梗也。莱入都即以忧死。明季以还，清流党社，纷纭不已，至乾隆中其风始戢。所持大端，往往与东南经济政教有关，河事亦其一也。

《燕堂诗钞》四卷、《小红词集》　卷

康熙刻本。宝应朱经恭亭撰。乔莱为经妻父。康熙初，淮扬多水灾。靳辅与东南士绅龃龉，郎中孙宗彝下狱死。余曾得道光刻孙氏家传，记狱事甚详。莱奉命来京居住，旋卒。经父克简，顺治四年进士，久在废籍，亦同时卒。邓文如云，其间必有危及门户之事，是殆信然。朝廷圣主，不诛巨绅，无以肃政。乔孙之俦，殆皆身家一念使之。其所攻者辅，而实不直康熙意旨也。治河必失地役民，所失者小，而获全者众。地主者流殆不能知此也。经此集得之徐绍樵许，淮上所来之书也。写刻而结体瘦劲。尚有一集，不忆其名目矣。《诗

钞》四卷为康熙二十五年至三十五年诗，时方三十岁。后更于冯梦华遗书中得《词钞》一册，开板如一，则之诚所未见也。

《痦研斋学文》一卷

雍正刻本。山阳戴晟晦夫撰。兄曾同师万斯选，又师黄宗羲、阎若璩。晟卒于雍正十三年，年七十七。尚有《学诗》一卷未见。邓之诚云乾隆七年其子始为刊行。此《学文》一册写刻精劲，殆非乾隆中刻。

《看蚕词》一卷

雍正刻本。方观承撰。每诗后有小注，自蚕事初起至收歇，一一记之，可征江南民风。写刻精绝，用厚宣纸，最初印。有艺风堂藏印，后归积学斋，积余手题签。郭石麒得之积余少子，介以归余。

《林卧遥集》三卷

康熙刻本。休宁赵吉士恒夫撰。恒夫京师所居名寄园，在下斜街，极花木楼台之胜。王兰泉蒲褐山房在宣武坊南悯忠寺北教子胡同，云即赵天羽给谏寄园，不知孰是。吉士有《万青阁全集》八卷，余所收为盛氏愚斋旧藏，刊颇素朴，尚有清初风度。

《九谷集》六卷

康熙刻。番禺方殿元蒙章撰。前序大字刊刻，尚有古意。九峰王氏书，得之绍樵许。殿元，岭南七子之一，康熙三年进士，官郯城、江宁知县。居忧，阻兵不能归，侨寓姑苏。集六卷：诗四卷，文一卷，《环书》一卷。诗甚高华，亦能道时事，不做无病之呻，可重也。

《古香楼诗稿》三卷、《词稿》一卷、《平北颂》附

康熙刻本。休宁汪文柏季青撰。写刻殊精。三种合订一册，得于林集虚，得意之至。余尝得《裘杼楼书目》之旧抄本，后乃得古香、裘杼二家书多至数十种，皆钞本，多有抱经楼印，写成多在清初。后又得刻本十许种，无嘉靖前刻。江浙藏书旧家，流转至今，不能不推汪氏所遗为最富矣。文柏康熙中官北城兵马司指挥，集中有《庚辰秋琉璃厂监造屋宇册籍走笔书怀》一题，为言北京琉璃厂故实最早史料。诗后收入《柯庭余习》，凡十二卷，曾于湖上见一本，索直奇昂，遂未之得。文柏与森为兄弟行，以徽人客桐乡，遂家焉。家富饶好事，喜结客，意必休宁大贾也。弟兄各曾为小官，皆早归，惟以藏书刻书、饮酒结客为事，亦畸士也。余先后得其家集至数十种，颇欲探究其行事，今群书俱化去矣。汪氏子孙后世居桐乡，藏书至乾隆中尚无恙，有汪孟鋗等皆能诗。箧中所储有《桐石草堂集》附《怀新词》，乾隆刻，吴骞旧藏。又《吉石斋集》，亦乾隆刻。又沈曾植藏一集，忘

其名目，亦乾隆刻，后亦附词。又　　集，乾隆中写刻精绝，得之天津，诗甚佳，中多记汪氏园亭诸胜，又《金陀吟稿》四册，亦乾隆写刊本，中有与吴铭道唱和甚富。铭道曾久客桐乡汪氏者。聊摭旧忆，记之于此。

《杜韩集韵》三卷

康熙刻。此亦汪季青所著书。精刻，厚棉料，最初印本。展卷熠然夺人目睛。独山莫氏铜井文房藏书，得之来青阁。

《梅雪堂诗稿》　卷、《词稿》　卷、《裘杼楼诗稿》　卷

康熙刻。休宁汪森碧巢撰。此集黑口，宋体字刻。凡五七种，名目不能悉记。原订三册，一函。九峰旧庐王氏藏书，得之徐绍樵许，至得意也。卷中有嘉兴唐模藏印。森曾官桂林通判，迁太平，曾刊《粤西文（见）［载］》，篇帙甚富。曾于孙实君许见之，视为奇货。似尚有《诗（见）［载］》，不能详也。此数种皆原刻，更少于《文（见）［载］》，恐人间无数本矣。

《小方壶存稿》十八卷

康熙刻。汪森晋贤撰。此为康熙四十四年前作汇刻之集。诗古体四卷，今体十一卷，诗余三卷。小字写刻。一日游姑苏，酒后至护龙街，时已昏黑，诸肆皆闭歇，只吴瀚尚未寝，即于架上抽得此本，大是快意。

《华及堂视昔编》

康熙刻。此本稀见。偶然于传薪检得，王绶珊故物也。汪晋贤尝迎周青士至其家，因之交两浙名士，更选刻此编。凡录六人之作，而以篔居首。篔集未见原刻，余曾得旧钞一册，篇幅甚短，尚不及此编所收之多。此本写刻不甚精，扉叶大书三字曰“视昔编”，侧小字书“华及堂”字样。篔集名《采山堂诗集》，八卷附卷首，有康熙刻。战前北平图书馆有残本三卷，编入地方艺文，而不入别集，不知何也。

《汪季青宴集宾朋诗》

康熙刻本。此书无总题，尝见有书目著录如此，殆亦以意拟之者，今姑仍之。书凡六七种，皆汪季青集刊一时名士唱酬赠答之作。其中有生儿汤饼诗，后儿殇，又有慰悼之诗，皆盈卷累累。列姓名者皆两浙名宿也，无聊甚矣。然汪氏弟兄豪奢结客之状，亦可于此中见之。颇疑汪氏之先为休阳巨贾，寄籍桐乡，好风雅，而名士者流亦依倚之，遂为文化中心。乾隆中扬州马嶰谷兄弟则业鹾巨富，藏书好客亦如之。较早杭州有汪然明，亦徽州大贾，尝为柳如是刊《湖上草》，亦自有《春星草堂集》。少后汪启淑亦徽人巨富，居杭州，藏书藏印，好事著名。亦曾猎一官，居京师，为水部郎。同时天津则有水西庄查氏，亦是此类。此风自明末以还浸盛，甫里梅花墅许氏，亦以贸迁致富，刊书制曲，结交名士，为一时盛赏所聚。较早则锡山安氏，以富人而为铜板活字，有名艺苑。自明代以还，资本主义萌芽渐著，数千年来之地主阶级文化，遂渐入于商人之手。此事甚大，因聊为发凡于此。

《敬亭集》十卷

明末汲古阁刻。残存卷六之十。二十年前得之沈仲芳许。雕板甚精，写刻而严谨端重，不类通常毛氏刻本。卷前扉叶有徐子晋手题数行，可重也。莱阳姜埰如农，崇祯四年进士，以建言廷杖下狱，戍宣城卫。未至而北都破，遂家于吴。卒于康熙十三年，年六十七。埰尝自刻甲申至己亥诗文为《敬亭集》，又刻庚子至壬子先后十三年诗文为《馎饦集》，子安节合二集为一，诗、文各五卷，又补逸一卷，为《敬亭集》。邓文如所见即重刻本。此残册只诗无文，当是初刻，或在清初，今不能详矣。

《西归日札》一卷

康熙刻。华阴王弘撰山史撰。白纸小册。刊刻古朴，类活字。诗文杂编次。传本至稀。山史集尚有《砥斋集》十二卷、《待庵日札》一卷，皆未见。《西归》一卷，为南游后哀丙子以后诗文，刻于康熙三十七年丙寅。箧中所储清初集部，泰半江南一隅椠本，似此关中旧刻，盖不数见，转可珍重。亭林至关中，山史实为居停主人，亦遗民高隐之士也。

《冈州遗稿》卷

康熙绿屏书屋刻本。长洲顾嗣协迂客辑刻。写刻瘦劲，雕椠精绝。王绶珊物，得之徐绍樵许。嗣立兄，曾为新会知县，康熙五十年卒于官，年四十九。此为当日在官时所选邑人之诗，起自前明，陈白沙诗乃盈数卷。岭南诗人遗集绝少，此选颇费心力，得保存者不少。余后又得乾隆刻《冈州续稿》一小册，雕椠亦精，为续此而作者。不忆出谁何手矣。

《研溪先生诗集》七卷

康熙刻。雕椠精绝。吴县惠周惕撰。庚寅得于徐绍樵许。无序，有总目一卷。凡《北征》《峥嵘》上下卷、《东中》《红豆》《吃语》《谪居》等六集七卷。每卷后一行云“小门生王薛歧谨录”一行。竹纸最初印本，传本绝稀。清初写刻本书以林吉人所写数种有名，然世多有之，似此乃更可矜贵也。尚有文一卷，未见。

《诗说》三卷

康熙刻。惠周惕撰。雕椠同前。前有田雯、汪琬序。得前书后七年，更得此于绍樵许，乃嘉定故家所储，较前书尤阔大。惜文集一卷，终未之见。吴门三惠，三世传经，而以周惕之集为罕见。又尝于古董铺见册叶十许开，中有周惕所制二帧图，海水波涛之状，敷彩炫丽，绘笔精能，知其更善画也。

《乙未亭诗集》六卷

康熙刻本。徐昂发大临撰。写刻精绝。扉叶黄云龙腊笺，题“桂森堂藏板”，炫丽之至。大临康熙三十九年进士，官编修。雍正初戍新疆，不知何故。此集为其少作，有宫词百首，为世所称。

《畏垒山人诗集》四卷

康熙刻本。徐昂发撰。集亦写刻。官翰林后作也。有前后《古樟叹》，所咏相国公得树园古樟，即徐元文家园树。是昂发远戍，或与乾学兄弟有关连也。

《畏垒笔记》四卷

康熙刻本。徐昂发撰。写刻。皆考证小文，读书随笔，颇细密可观，已开乾嘉后考订之风。丁酉春旧书价大昂，诸肆百计觅求。来青阁时有好书，此徐大临三种并《小南村集》一册，索价百金。不欲失之，盖少纵即逝，不复可得也。其后更得清刻佳本不少，皆有潘桐西印记。

《小南村集》

康熙芳润堂刻本。写手甚精。此集为徐昂发编。共六种：《漫与诗稿》，朱襄撰；《香山诗稿》，蒋梦兰撰；《芳润堂诗稿》，金国栋撰；《桐村诗稿》，缪宗俨撰；《草草亭诗稿》，秦应阳撰；《晓谷诗稿》，缪嗣寅撰。前有总目。是为初集，尚有二集，今不存矣。中有李果《在亭诗稿》一种，刻于《咏归亭诗》前数十年，必有未删之作，惜其不可见也。

《改亭诗集》六卷、《文集》十六卷

康熙乾隆递刻本。吴江计东甫草撰。余旧有文集十六卷，康熙原刻，有旧人墨笔批注。后更得乾隆戊辰从孙瑸重校刻本，只诗集为新刻，文集仍旧板新印耳。此为名集，颇存故事，实不只辩朱钱注杜一事而已。甫草子默，字希深，余收得所撰尺牍一卷，康熙刻。深集亦佳，咸丰中　为刻之，传本亦罕，余亦收得。

《己畦文集》二十二卷

康熙刻本。写手精雅。吴江叶燮星期撰。偶得之上海书林，至可喜。卷中有刘蓉峰藏印累累，皆精雅，可为是书增重。燮为绍袁少子，文集外尚有《原诗》内外篇四卷，诗集十卷，附《残余集》，更附刻《午梦堂诗抄》三种，则沈宜修、叶纨纨、叶小鸾作。惜皆未见。星期世称横山先生，门人甚众，论诗为人所重，俨然文章山斗。邓之诚云，文初刻十四卷，至十九年庚申止。乾隆中沈德潜为刻全集，增文为二十二卷。今此本为康熙二弃草堂原刻，非后来所增定也。之诚老辈，能读书，然于板本颇疏。所撰《清诗纪事》，著书名而不著抄刻，颇不便于读者。

《百尺梧桐阁遗稿》十卷

康熙刻本。江都汪懋麟蛟门撰。蛟门，康熙六年进士，以刑部主事与修《明史》，劾归。二十七年卒，年五十。诗文集二十四卷，未见。《遗稿》收己未以后诗，刊于身后。蛟门得名甚早，梁清标甚赏之。此本写刻。

《锦瑟词》一卷

康熙刻。汪懋麟撰。蛟门行辈甚早，清初诗余总集中往往有其《锦瑟词》。此本宋体字刻，前有序及诸家评语。余前后得龚鼎孳、梁清标词，刊刻体式如一，意必为汇刻之本，不知何人刻，亦不知总名，藏书家亦无著录之者。

《棠村词》一卷、《二集》一卷

康熙刻。梁清标撰。此与《锦瑟词》刊刻全同，北平图书馆曾有之，唯缺《二集》。余此本得于林子有家，都一厚册，篇章甚富。《百名家词钞》、留松阁两刻所收，皆只三分之一耳。苍岩山人所制诗余，此为最全。

《香严斋词》一卷

康熙刻本。与前著蛟门、棠村二集刊刻体式正同。白纸初印。二十年前，石麒以之见售，甚可喜。因为跋尾，并录富阳郁氏小诗云："尚书白发老江湖，卅二芙蓉句不磨。莫怪临危艰授命，只因无奈顾横波。"后得他种清初总集，校之此本，往往无之，因知此数种或是棠村所刻也，终不知共有几家。

《岁寒咏物词》

康熙刻。王一元撰。雕椠甚精。卷前尚有一元名印。林子有藏词初散，为秀州书社所得，多康熙中单刻之本，余扫数收之，此亦其一。只陈卧子一集之晚明刻本及高不骞《罗裙草》五卷为施蛰存买去，因陈、高皆其乡人也。《咏物词》板心下有“芙蓉舫”三字。

《山闻诗》一卷

康熙刻本。江都汪楫舟次撰。楫为康熙十八年鸿博之一，卒于二十八年，年六十七。有《悔斋集》五种，此其一也。无意中检得于书肆架上。

《后村杂著》三卷

康熙刻。写刊，小字。黑口。王文治撰。当尚有《吴越游草》一卷，诗集七卷，未见。文治先世歙人，徙居金陵。杂著多论史之作。

《性影集》八卷

康熙写刻本。太仓王时宪撰。时宪，字若千，康熙己丑进士。集分《水边林下稿》《桐溪稿》《无隐林稿》《静寄轩稿》《庄溇稿》《荆溪稿》《楚游稿》《粤游稿》。有毛奇龄序。时宪诗无足观，亦无纪事之作。得于九峰旧庐王氏。

《揖山集》十卷

康熙刻本。太仓王撰异公撰。大字写刻颇精，类《通志堂经解》。两厚册，极初印。涉园陶氏旧藏。撰为时敏第三子。此集篇什甚富，多及时事，实为名集。殁年八十七矣。《太仓十子诗选》中收《三余集》。

《大山诗钞》　卷

康熙刻本。刘大山撰。写刊颇精。此为禁本，传本殊罕，得之来青阁。

《秋笳集》八卷

康熙刻。吴江吴兆骞汉槎撰。汉槎以科场案遣戍，梅村为赋长歌，顾梁汾为赋《金缕曲》，又乞纳兰恳明珠救之入关，为清初文苑著名故事，此集遂为名物。余前后得两本，一本阔大，有“安越堂藏本”朱文方印。其集徐乾学先为刻赋诗《西曹杂诗》，在康熙初。后子桭臣于雍正四年就徐刻旧板别增《秋笳前集》杂体诗、《秋笳后集》杂著，故世多目之为雍正刻也。集中在宁古塔时作，有与祁奕喜酬赠之作，颇存流人故实。

《南州草堂集》三十卷

康熙刻本。徐釚电发撰。此本得之来青阁。后附《松风余稿》及《枫江渔父词》。忆数年前伧父曾以釚词一小册见售，索百金去。册后有张菊生、吴瞿庵等题语六七则，盛称其罕遇难求。诸公不却此伧之请，为之张目，何可笑也。釚诗颇风调，所撰《词苑丛谈》，余亦收得康熙原刻。

《千顷堂书目》　卷

《适园丛书》本。费寅手校，有跋尾。张氏刻丛书，景韩实助校刻之役。此黄氏书目刊成后，更以旧抄校三种勘定，朱墨杂下，而尤以明人别集数卷校笔最富。余先后所得明人撰著刻本，具以行格序跋写入，又数百条，费日力于此者数年。一旦抛失，不能无珍惜之念也。

《松江韩氏书目提要》

稿本。五册。得之来青阁。不知出谁何手，所著极详，并序跋都写入之。韩氏书目行世凡二本，一石印本最简，只条列书名板刻，后附书影。一封文权本，较详于前本，惟非每书皆详记序跋。三本之中以此为最备，余曾迻写一本，别加校定，欲付刊目，未果。韩氏为黄荛圃姻戚，多得士礼居中善本。荛翁身后，奇零之册，埽数归之，秘册不少。余于壬辰冬日，曾旅茸城三日，访书于市，无人知韩氏姓名者，为之意沮。殊不意其余芬散馥，尚可见于数年之后也。同得尚有雍正刻《韩笔酌蠡》，钞本《章子留书》，皆有应陛加墨及藏印。又《读有用书斋杂著》稿本，皆出自其家。

《文正王公遗事》

旧钞本。吴枚庵朱校并跋，嘉业堂藏书也。壬辰夏日，游京师，访孙助廉于其家，绝无一书，助廉亦寂寞无聊，于枕边出此册赠余，因携归藏之。

《宋文鉴》

明嘉靖刻，黑口本。细皮纸印，书品甚小。存十许册。李文藻藏书，己丑得于秀州书社，重其为南磵旧藏也。

《宋文鉴》一百五十卷、《目录》三卷

明修宋刻本。存二十许册。黄腊笺覆面，康熙时内装。己丑得于汉学书店。诸卷目录大题有作“皇朝文鉴”者，有改刻“皇”字而作“宋朝文鉴”者，有剜而未补，但做“文鉴”者。宋讳“惇”“墩”“敦”“廓”“扩”等字外加墨圈，亦有缺笔者。纸用薄皮纸，绝少明时补板。墨光莹润，雅韵欲流。此本不稀见，皕宋陆氏、钱唐丁氏、适园张氏所著皆是此本，云是天顺八年严州张邵龄补修宋本，有商辂等补刻序。此本失去首册，因不能详。

《宋文鉴》一百五十卷、《目录》三卷

明嘉靖黑口本。白棉纸，绝阔大，高几及尺。每册首有会稽钮氏世学楼朱文大方印。莫友芝藏，每册书衣、书根皆子偲手题。己丑残腊，得之京师来薰阁，存十厚册。子偲

《宋元旧本书经眼录》“书衣（杂）［题］识”中记此本，云得之皖口行营者。

《绛云楼书目》

黑格旧钞本，一厚册。有陈少章手批，系过录者。得之吴下书坊。

《华阳国志》

嘉靖刻，存卷一之五。前无序。皮纸精印，明丽可爱。傅沅叔题记，云《国志》以此刻为最精罕。孙实君得故书十许种于郡城孙氏，装治精好，而少佳册。余买得此本及万历刻《静安八咏》，最为秘册。

《乐府补题》

乾隆钱唐郁氏东啸轩精刻巾箱本。此集宋元之际词人咏六陵遗事之作，附以考索。传本甚稀，未见有著录者。

《金谷遗音》一卷

道光刻巾箱本。从毛扆校宋钞本出，刊刻殊精。有牌记两行，不忆谁何矣。汪氏振绮堂旧藏，得之来青阁。清人刻宋词小集最少，而出于旧时善本者尤不多见。短书小册，尤易散亡，是可珍也。曾为加朱一过。孝友词皆侧艳之作，而流利雅丽，非后来效颦者可及也。彭羡门似专学此种。

《簑笠轩仅存稿》四册

乾隆刻本。西浦楼俨撰。无总目，不知共几种。此四册中《洗砚斋集》《朝天初集》《续集》等通七八种，诗文词杂编。俨论词名家，集中有论词律之作不少，皆长篇。又跋宋人词集之作数十篇，皆非泛然而作者。传本绝稀。为钱唐何梦华旧藏，有印记。

《瘦吟楼词》一卷

康熙刻。沈树本撰。末附赋数篇。乙未吴下估人江某见售，以厚价收之。树本当作时栋。

《栖香阁词》二卷

道光山阳李氏闻妙香室精写刻，巾箱本。锡山顾文婉撰。文婉原名贞立，字碧汾，自号避秦人。顾贞观姊，适侯晋。此集精刻，传世绝罕。李宗昉得稿本，为之刊行，是最初刻。徐积余重刊之，即以此为底本。卷中有徐乃昌、林葆恒两家印记。林子有身后藏词散出，先为秀州书社朱惠泉所得，数数选取，单刊精本几尽。后来青阁更得其清初刻总集巨帙，佳本垂尽矣。偶与李散释谈及此，散释子有乡人也，识其子弟，因为作介往观，所余尚一厨，皆嘉道以后刻。选得十许种买归，此为白眉。更有许珊林刻友人小词二种，精绝，世无知者。

《古今词选》　卷

康熙刻，写刻颇精。沈时栋作。前有序、词论等，起唐宋，直迄清初。亦名《瘦吟楼古今词选》。余所收为林子有所藏，后又于市上别见一本。然诸家藏目无著论者。

《埤雅》　卷

明初刻，黑口，甚古雅。缺卷一一卷。有萧敬孚印记。孙诒让批《四库简明目录》，云桐城萧茂才穆云有元刊本，即指此。萧敬孚以藏书有名，好为题跋，然多悠谬之说，多可笑，此以明初本为元刊，尚有可原也。余得之汉学书店，云是沈子培故物。

《埤雅》　卷

明刻本。板匡狭长，实巾箱本。开板当在万历中，宋体字刻，然亦有写刻之叶，颇不工致，而古意纷披，似刊于明初，终不知为何人所刻也。余游吴下，于夏淡人许见此书上半，订一厚册，前序书眉上有“顾印贞观”一印，白文套边方印，甚可爱。淡人告下半亦可搜得，嘱姑少待之，又数日全书寄至。梁汾非藏书家，此册曾经藏弆，自堪珍重。

《西斋偶得》　卷、《凤城琐录》　卷、《西斋诗辑遗》三卷

嘉庆刻本。博明著。板刻精雅，初印明丽。有翁方纲题

词，为手书上板者。此册即覃溪藏本，有“大兴翁氏石墨书楼藏书”朱文大方印，又叶志铣手题一行，下钤“平安馆印”。癸巳夏秋之际。客居湖上两月，居里湖湖楼，面孤山放鹤亭。客居无俚，暇辄访书。清河坊拜经楼为杭州书坊之有名者，主人常收书于绍兴，知余姓名，每检一书，虽通常刻本，亦必索高直，盖惟恐其贱售也。一日过之，主人适外出，余漫阅架上书，有残书半架，积灰寸许，已多年无人过问矣。试检之，颇有佳本，忆有《百川书志》钞本一厚册，有曹彬侯印记，及他种残册，检得一叠。其妇论价，议方定，而主人自外归，双目炯炯，夺书不肯售。终以巨价买此两册，盖《西斋诗辑遗》一册已为鼠啮去一角，平安馆跋亦未之见，遂毅然售之也。事大可笑。因为长跋记之，重装藏之。此固佳书，考证记事，都有可观。

《冬青馆甲乙集》 卷

道光刻。乌程张鉴秋水撰。前有小（象）[像]，刻极可喜，细字密行，多论晚明野史之作，传世绝稀。通行者，近人翻刻之本。余此本得之静安寺汪估许，同得尚有鉴撰《眉山诗案广证》钞本。

《缘庵诗话》三卷

道光刻。此书多记杭人故实，不徒言诗也。仁和李堂允升撰。其词集余亦收得。

《诗话》卷三一则云：吾杭之西溪，奥区也。梅花之盛，不减铜坑。明季江浙耆旧多遁迹于此，故某尚书尝往来其间。今永兴寺犹藏柳如是手书小笺，题云《次韵永兴寺看绿萼梅作》：“乡愁春思两欹斜，那得看梅不忆家。折赠可怜疏影好，低回应惜薄寒赊。穿帘小朵亭亭雪，漾月流光细细沙。欲向此中为阁道，与君坐卧领芳华。”后署“河东柳隐”。当是和尚书之作，诗字皆婉媚。

此诗不载《湖上草》及《初学》《有学集》，自是可珍。如是甲申前曾居杭久，与汪然明辈往还甚密，诗筒颇富，此诗未必为牧斋作也。余留心辑如是诗，二十年来所得，只三四首耳，今更录之于此：

寒食雨后

红绡蛱雾事茫茫，不信今宵风吹长。留得春风自憔悴，伤心人起异垂杨。《柳絮集》卷四十

清明行

春风晓帐樱桃飞，绣阁花丛丽晴绮。桃枝柳枝偏照人，碧水延娟玉为柱。朱兰入手不禁红，芳草纷甸自然紫。西泠窈窕双回鸾，蕙带如闻明月气。可怜玉鬘茱萸心，盈盈艳作芙蓉生。明霞自落凤窠裹，白蝶初含团扇情。丹珠泣夜凉波曲，梦入莺闺漾空绿。斯时红粉飘高枝，荳蔻香深花不续。青楼日暮心茫茫，柔丝折入黄金床。盘螭玉燕无可寄，空有鸳鸯泣路旁。

此诗见顺治刻《明诗归》卷二，与集本多异字。此书罕传，非钟惺书，细字狭行，都十厚册，所收多明清易代人作。杭估挟来售余，在丁酉秋冬之际。

《江表志》三卷

赵素门手抄本。虞山翁氏藏书。壬辰秋日，余偕友人陈氏入京，车至津门，辄小住半日，同游梨栈劝业场，其中有古书肆，似是藻玉堂分号。三十年前常过之，古书盈架，不敢问鼎。忆曾见新刻《桃花扇》于此肆，爱其纸印明丽，价六金，废然而止。此事依然如昨。此番重过，询其可有佳本，出新收常熟翁氏家书数种，皆至佳。余得明人皮纸蓝格抄本《浣花集》及此册归，至得意也。辑宁杭人，喜钞书。八千卷楼藏其写本独多，它处则罕见之。卷尾有其手书题记一行。

《金门稿》　卷、《湘瑟词》四卷

康熙刻本。华亭钱芳标葆馚撰。余先得《湘瑟词》四卷于绍樵许，惊其篇章之富，一时无两。后数年石麒又于云间买得其诗，板刻正同，喜得并储。葆馚词格轻丽，今从《今词苑》中见所选数词，皆小令。其《浣溪纱》云：“莲叶蒲稍雨过香，彩鸾飞去小池塘。恼人时节近端阳。　记得去年楼上饮，绿阴双笑听清商。醉容香汗费思量。”其风格可想见也。

《秋水集》四卷附《诗余》

康熙刻本。严绳孙荪友撰。此为名集，久求不获。一日过市，见新收书数种，此本在焉。时绍樵所设书肆已收歇，在书店司定价，此本竟与他种同价。绍樵固不甚知书者，亦心不在是，因有此失，然余亦以此得收得也。荪友与纳兰容若交挚，有数札印入《纳兰手简》中。又善画，尝见所画山水甚精，手段不输四王。信乎才人无不多能也。

《忧患集偶钞》

康熙刻本。戴名世撰。此禁书，无意中得之，板刻不精，未竟读也。

《影园瑶华集》三卷

乾隆刻本。江都郑元勋编。元勋有《影园诗稿》，郑开基编，附序赋题词，清乾隆拜影楼刻本，未见，当与此同时所刻。元勋影园为邗上胜迹，甲乙之际，元勋为义师所杀，彭士望《山居感逝》诗注云："郑元勋，江都进士，传讹激变死者是也。"此集写刻，甚罕见。余同时得二本于书肆，其一前有钱谦益序，一本无钱序而代以杭世骏序，殆恶牧斋为人而去之者。元勋诗得虞山激赏，以此重其人，求其序。钱后为二臣，则为元勋所不及知矣。此虽板本细事，然知者鲜矣。元勋又善画，尝见所制山水，笔墨清腴，丘壑邃密，似尚在九友之上，则知者更少。

《鹊亭乐府》四卷

康熙刻本。南田草堂藏板。陆楙撰。板刻精整，旧为抱经楼藏书，得于林子有群书中。此为散曲而非诗余，不知子有何以误收。篇章之富，清初人无与之比，然造语生涩，与明人之作大异。

《二初斋读书记》十卷

嘉庆刻本。倪思宽撰。此书余先后收得二本，板刻有微异处，未暇对校。

《蓉槎蠡说》 卷

康熙七略书堂精刻本。程［哲］撰。此为考辩随笔，说经论史，所涉颇广，而篇幅甚富，传本稀见。九峰旧庐王氏书，余自传薪买得。

《翁氏家事略记》

道光刻本。英和撰。书说翁方纲事，英和以弟子记师门故实，详悉有致。自翁氏先世世系，详记覃溪生平，按年记之。不独苏斋一生出处，撰述收藏，详记无遗，乾嘉两朝朝章国故，学人行迹，亦赖此而存者不少。传本极罕，未见著录。白纸一册，附一书函，签题有“乃乾鬻存物”数字。郭石麒以之归余。

《红萼词》二卷

康熙刻。曲阜孔传铎撰。此本衬订四册，装一函。得之来青阁。当尚有《申椒集》二卷，未见。传铎选《词牌》，巾箱小册，雕板甚精，知其亦留心此事也。以孔丘子孙而不废闲情，亦一时风气。

《清涛词》二卷

康熙刻。曲阜孔传鋕撰。传鋕，字西铭，孔毓圻子。此集刻于康熙四十五年。序文手书上板，无边匡，雕椠殊精，亦是别格。得之林子有家。《补闲集》二卷无之。殆以其为诗弃之。林氏藏书以此而致失群者往往而是，亦书林之一厄也。

《陆密庵文集》二十卷、《录余》二卷、《诗集》十二卷

康熙刻本。山阳陆求可撰。卷末附诗余。此集罕传，二十年前见于传薪架上，无人过问，因携归藏之。绍樵多淮扬人集，往往有秘册，皆可遇而不可求者。

《春晖楼四六》

康熙刻。汪芳藻撰。写刻殊精。不分卷。余先得《四六》六册，又得《表忠诗》等两种，刊刻如一。

《空明子集》十三卷、《续集》十六卷、《后集》十一卷、《余集》十一卷附《茸城赋注》《崇川节孝录》五卷、《崇川赠言》

康熙精写刊本。张荣撰。得之徐绍樵许。后又得一厚册于吴下。种数甚多，不能悉忆。有《笑林》一卷，于清初集部中不数数见也。

《花外散吟》

乾隆精写刻本。得于汉文渊书肆。不著撰人。后于《北平图书馆善本目》中见之，始知为杨维坤撰。此为附集，更有《研堂诗》十卷、《续稿》二卷、《晚稿》三卷并附《拾遗》也。

《艮斋文集》四卷

乾隆刻本。虞山王峻撰。颇关史实。其第四卷为清人传记，似是列传稿，然殊少发明。

《半舫斋古文》八卷

乾隆精写刻本。小字甚精雅。

《潜研堂文集》五十卷、《续集》　卷

嘉庆刻本。马笏斋藏书。大昕此集，因有近时翻刻，曾见而未收。十年前于书肆架上见原刻，发兴买归，读之忘倦。

有马玉堂小印。

《希音堂集》六卷

道光刻本。张佩芳撰。卷后附张穆编《泗州府君事辑》。

《简松草堂文集》十二卷、《诗集》　卷附《作令或问》

张云璈撰。嘉庆刻本。余先收文集四册，板匡狭小，颇不耐观。后乃收诗集，阔大而精印，通体加墨。此亦杭人作者之有名者。全集外尚有诗集、词集初刻数种，亦有之，不能遍忆矣。

《知还草》五卷

嘉庆刻。大板，刻颇佳。钱唐张云璈仲雅撰。卷中有题柳夫人藏唐镜七绝四首，诗序颇详（縻）[蘼] 芜故事，今录之：

> 周南卿得柳如是所藏唐镜，背铭曰："照月菱花出，临池满月生。官看巾帽整，妾映点妆成。"初白老人有诗云："宗伯奁清世莫知，菱花映日月临池。点妆巾帽俱新样，不用喧传换镜诗。"见《金陵杂咏》。南卿拟拓柳本装册，并摹河东小像于左，同人题句，爰赋四绝。

《沽上醉里谣》

稿本。钱塘陈皋撰。黑格精写，楷法宛妙无俦。其《醉里续谣》末数番行草杂出，删易满纸，盖初集为待刻稿本，后乃未定存稿也。观其楷法，与查莲坡杂著、《春凫小稿》宛然如一，知皆皋手书上板者，为之快然。诸种于清初刻本中为白眉，书法工妙，而复秀雅，非出写官之手，似尚出林吉人上。此亦板刻中要事，而余以无意中得之，快甚。水西查氏为清初巨富，亦好结客。皋客天津久，主于莲坡，因为手书诸集上板，盖所以报之也。此二集即客水西时所制诗余，殆未墨板。皋词别有《吾尽吾意斋乐府》二卷，乾隆刻，未见。

《春凫小稿》

乾隆刻本。陈皋手书上板。钱塘符曾药林撰。诗不分卷而编年，大题下缀以甲子。余收得四册，前无序目。

《蔗塘未定稿》《蔗塘外集》《莲坡诗话》　卷

乾隆精写刻本。宛平查为仁心穀撰。此亦陈皋手书上板者。余先收南陵徐氏所藏《未定稿》及《外集》，开花纸精印本，未为全书也。后乃于萃古斋得全书四册，亦桃花纸印，凡十余种，并附妻金氏诗。为仁世居天津，家巨富，有园林之胜，好客，南士北行者多主之。四十年前余曾往游，尚余古木垂杨，溪湾荒秽，在南开大学八里台左近，所谓水西庄是也。为仁曾以事下狱，凡数年，其诗有撰于狱中者，然殊不言得罪因由。后即耽于禅悦，集前有僧某序，亦清初缁流之有名者。向曾见有论及之者，今不能忆矣。疑查氏亦以业鹾起家，其得罪亦由雍正党狱。二百年来，津人无能道其故事者，并此集亦无人知之，是可慨已。

《天津纪事诗》

乾隆刻本。陈皋撰。自书上板。此竹枝词之流亚，七绝后有注颇详。天津旧无邑乘，不过一卫所而已，海通以还，始成重镇。此册虽短，故事所存颇多，亦可当旧志读也。十年前以之寄周玉言兄，今不知尚无恙否。

《铜鼓书堂遗稿》　卷

乾隆刻本。宛平查礼恂叔撰。恂叔，心穀弟，惟踪迹颇疏，集中绝少往还之作，或是疏属。文采似胜于蔗塘，卷帙甚富，后附诗余。

《存素堂文集》　卷、《续集》　卷

嘉庆刻本。写刻殊精。法式善撰。梧门撰作甚富，而此集罕传特甚。文后多附评语，其记《永乐大典》及他藏书故实皆可读。见者不多，几无援引及之者。《续集》尤罕，刊刻体式如一，实后来所刊也。题“扬州程氏藏板”。得之郭石麒及徐绍樵许。

《香叶草堂诗存》

嘉庆刻本。罗聘撰。巾箱刻，清疏可爱。四十年前得之徐汇唐肆。前有嘉庆元年桂（复）［馥］隶书弁首，翁方纲序，后有道光中金竹篠跋，则板片归金氏后重印本也。后更收一白纸印本，箧中遂有二册。

《冬花盦烬余稿》二卷

嘉庆刻本。奚冈撰。先收南陵徐氏所藏，后游湖上，乃于吴山脚下冷摊见绝阔大初印一本，喜而买归。

《种榆仙馆诗钞》　卷

嘉庆刻本。陈鸿寿撰。行格仿蔡中郎竹册，板式精雅。旧为潘椒坡所藏。丙申岁暮，得之来青阁，桐西书屋所藏，凡数十种，价皆奇昂。

《十经斋文集》四卷

道光刻本。沈涛著。此集有嘉庆刻二卷本，当是初刻，未见。丙申游苏，于文学山房得之，价奇廉。时书肆将合营，估人无意更事要索，此书在一年前见之，非十倍无从获之。

《柴辟亭诗集》四卷

道光刻本。沈涛著。此册郭石麒售余，同来尚有嘉道人《诗筒》一册。首即西雍所撰七古一首，凡两开，书法奇古而佳。有数印，一为“柴辟亭主人六十以后作”，原诗余为补入此集。

《匏庐诗话》三卷

道光刻。沈涛著。刻较诗文集为精。前后凡得二本，其一为南陵徐氏物。

《铜熨斗斋随笔》　卷

道光刻。沈涛著。板心下似有丛书字样，似西雍当日拟目不只此种，然未见更有他种，传世甚稀。此为南陵徐氏物。

《交翠轩笔记》　卷

道光刻。沈涛著。板式颇疏朗，前无序目，与文集同时收得于吴下文学山房。四周双边。后更收得一本，黑口，前有扉叶，刻较精，为安越堂藏书，有平景孙识语。后附《过庭笔记》一卷，不著撰人，实童槐撰。因疑此或是丛书本。此二本孰为原刻，终不能知之。

《论语孔注辨讹》　卷

道光刻。沈涛撰。壬辰游京师，于厂肆小西南园中见建德周氏新刻沈西雍集，又原刻小册数种，皆付刻底本。主人见告，此实天津劳氏刻。劳与周及嘉兴沈氏实皆姻娅也。劳氏前年以不良死，书遂散出。余因发兴扫数买归。其中数种，尚有西雍手迹，惜不能忆及书名矣。沈氏著书，二十年中收储略备，未见者只《［常山］贞石志》耳。

《洺州倡和词》

道光刻。此亦沈西雍官兹邑时与同人倡和之作。壬辰岁得于京师琉璃厂小西南园。

《瑟榭丛谈》　卷

道光刻。沈涛撰。西雍有笔记甚多，皆以居室名之，大抵皆宦辙所历官舍一境。诸书皆小册，流散最易。此册书衣尚有涛手迹，盖自藏之册，同得于雒氏肆。

《谪麐堂遗集》

刻本。德清戴望子高撰。刻颇不精，而流传甚罕。前有赵之谦序，云卒年三十五，实误。陈援庵尝为文辩之云，当得年三十七。子高有《论语注》一书，有名于世。子高致陈东塾书云："望年二十余，曾执经于宋于廷、陈硕甫二先生之门，学《毛诗》《尚书》《公羊春秋》诸说。窃不自揆，以《春秋》通《论语》，搴先师之遗绪，为注二十篇。李石农学士见而好之，为之付刊"云云。东塾复书则言："赐读大著《论语注》，博奥高古，如先秦西汉人之作。不意暮年获此奇书，得知海内有此奇士，多读古书，文辞追古作者，实为慰抃。"二书陈援庵皆见真迹，因录之于此。

《苏门集》八卷

嘉靖刻，白棉纸最初印本。此余初收书时所得，凡得二本，另一册板式较狭而长，非一刻也。此册尤精丽，不忆是张正位刻否。又尝得王阮亭选徐高边三家诗一册，康熙刻。翁北平旧物，封面卷中皆有批点手迹，苏斋盖好读三家诗者。余箧中亦储三家集旧刻略备。

《橘巢小稿》四卷

乾隆刻本。长洲王［世］琛撰。此亦早岁收得之书，传本稀见，诸家目皆不载，仅于叶菊裳日记中见之，以其为乡贤遗著，甚珍重之。此本前有沈归愚序。写刻精绝，最初印，纸用罗纹笺，清刻之精丽者殆无以逾此者矣。

《两当轩诗钞》 卷

嘉庆赵希璜刻本。黄仲则集余有乾隆原刻，后附《悔存词钞》，远较此本精雅。然此本别出，不无异同，亦不可废。偶见于来青阁中，有叶昌炽印记。菊裳毕生好板本书，然箧中绝无佳册，寒士无力搜求，可为叹息。得此二册，留一纪念，亦大佳事。

《力本文集》 卷

乾隆刻本。江都马荣祖撰。写精刻，板心下有“石莲［堂］”三字。安越堂藏印。石麒所售也。

《玉勾草堂词》三卷

［嘉庆］刻本。郑［沄］枫人撰。刻甚工致。传本甚稀。贝简香藏书，有手跋二行。偶得之书肆架上，喜甚。儿时尝得玉勾草堂本杜集，爱其刊刻精雅，后乃失去。得枫人此集，乃有旧友重逢之致。又知其为影园后裔，风雅好事，益增珍惜之念。

《妆台十咏》

乾隆刻本。此郑枫人等唱和词集。刊刻绝精，每半叶双套边，板式雅饬。枫人首倡，和者五六辈，不忆谁何矣。徐乃昌物。

《半园倡和诗》

康熙刻本。细字精写刻，瘦劲端丽，上下小黑口。全书仅十许番。云“园割辟疆之半”，忘主人姓氏。卷中倡和有金侃、余怀等，大半名宿。二十年前偶得《本草》明刻残本一叠于徐汇唐肆，中有项南洲所刻图近百幅，因抽出订为一册。其中裱背旧书，即此《半园倡和》，约得十许册，因付装池。书绝罕传，无著录者。

《吹香词》

康熙刻本。山阴吴棠桢伯憩撰。不分卷，分小令、中调、长调。余此本得之越中，有“吴郎乐府”白文小印，殆是作者自藏之本。伯憩词收入曾王孙《百名家词》中，此本似亦非单行。余别藏王［曼仙］词，与此刊刻体式全同，前有蒋平阶大鸿序。然则此亦浙人诗余汇刻之一，惟总目何名，共若干家，俱不可知矣。

《香胆词选》六卷

康熙刻本。前有序二通，小字写刻，正文宋体字刻。篇章甚富。忆卷中有一题小序甚详，记外舅吴氏明末宦游粤东死事始末，即撰《粲花轩五种》曲者。石渠故事，知者盖少，此为仅存。书有南陵徐氏印记，得之林子有家。

《江村消夏录》　卷

旧抄本，在康熙中。有曹彬侯印记。存二册。得之杭州。高士奇书，康熙中付刻，未为稀有，不知曹氏何以有此钞本。惜未对校，不知有何佳胜。

《塞外橐中集》

乾隆刻本。卢见曾撰。写刻殊精。有“言言斋善本图书”印。

《集唾编》

乾隆木活字本。不知撰人。所收皆滑稽游戏诗文（广）［廋］词隐语，都成文章，亦文苑之别国也。活字大而疏朗，亦是佳刻。言言斋物，石麒介以归余。

《来鹤轩诗删》　卷

康熙刻本。武林［林源静永］撰。偶得之湖上，无著录者。

《曹州牡丹谱》

乾隆刻本。疏行，大字。每品首揭名色，下详记花叶形状色泽，楚楚有致，约有百种。扉叶大书书名五字。此亦徐积余物。

《菊谱》二卷

乾隆刻本。巾箱小册。行草书，雕椠甚精，开花纸印。周越然书。此本不著撰人，不知是春晖堂刻宁郡王撰本否。

《质园诗集》　卷

刻本。会稽商盘宝意撰。宝意撰《越风》，为商周祚裔孙，亦越中名族。此本篇帙颇富。

《泊鸥山房集》　卷

嘉庆刻本。会稽陶元藻撰。此亦名集，罕见传本，得之上海书林。越人之留心诗歌者，乾嘉以还，商陶最著，亦皆出于巨家旧族。集皆难求，余皆以无意中收之。

《凫亭诗话》三卷

嘉庆刻本。此亦陶元藻撰。小册单行，刻行早于全集，流转更稀。收于石麒书包中。

《苇间诗集》五卷

康熙刻本。慈溪姜宸英撰。西溟为清初名士，以荐入明史馆，名字在四布衣中，与李因笃、严绳孙、朱彝尊齐名。至康熙三十六年始成进士，后二年以顺天乡试副考官被劾下狱死。有书名，尝为曹子清书楝亭图记，极精，风神秀美，而别有飞动凌厉之气，出于欧阳率更，脱去甜熟习气，亦豪杰之士也。全集三十三卷，刊于光绪中。此原刻诗集罕见，得之海上，九峰旧庐物也。诗颇及当时朝政，其《偶题有讽》云："只为尘多举扇遮，可知惆怅为东华。三春已过芳菲歇，冷落棠梨一树花。"诗后小注云："此人枚卜不得，有'须避东华仕宦人'之句，时前朝进士只此一人。"此不知谁何，然不难考索得之。《红楼梦》秦可卿托梦凤姐，有"三春去后诸芳尽"语，与西溟此诗不无渊源。雪芹当日必习于西溟之诗者，当非无因。又三十年前于厂肆见西溟手书诗稿，已裱为册叶，为黄晦闻遗物，精妙无俦，不敢问价。今不知流落何许矣。

《姜西溟先生文钞》四卷

乾隆精写刻本。大题下有"后学赵［侗教］校梓"一行。狭行密写。得之湖上，有艺风“云轮阁”藏印。

《湛园未定稿》六卷

乾隆刻本。此即二老阁所雕，殊不精。板片储于阁中，晚近犹存，是以此本流转独多。

《湛园杂记》四卷

刻本。皆说经考史之作，刊行较晚，当在嘉道之顷矣。宸英述作之原刻者，箧中所藏四种而已。

《国朝上虞诗集》　卷

道光壬寅刻。谢聘辑。得之越估王某许。罕见，未见著录。余于其中辑得徐昭华诗，又得见商景徽诗。景徽，景兰妹，昭华母，徐咸清室。

《晚闻居士遗集》　卷

嘉庆刻本。萧山王宗炎撰。写刻颇精，系杭州爱日轩陆贞一梓。一时名集，多出所雕。此名集，罕见，得于地摊，张之铭物。此亦奇人，贾而能藏书，二十年前所藏狼藉市上，皆清刻，颇有罕见之书，有印记曰“古欢堂”，镌治殊劣，钤记亦多零乱，每令观者有美人黥面之感。宗炎亦藏书家，余藏《澹生堂别集》，卷尾有其墨书题记。又有通津草堂本《论衡》残册，白棉纸最初印，有宗炎细字朱笔校记。

《冰庵诗抄》八卷

乾隆五年刻本。太仓王吉武宪尹撰。此本以廉直得于沪市，时清刻狼藉市上，无人过问，多入还魂纸厂。惜藏书无地，不能多收，亦故书一巨劫也。吉武太仓诸王之一，康熙三十四年知绍兴府，修六贤祠，祀祁幼文等。余采得一诗，入《远山堂事辑》中。

《祁忠惠公遗集》　卷

道光山阴杜春生辑刻本。王绶珊物，得之传薪。前有（象）［像］及遗命，系抚手迹上板者。集六卷，皆出搜辑而得，不及全部著述十一。时彪佳遗稿数百册尚深藏密锁于梅里故宅，春生并沈霞西辈殷勤搜访，竟未得见。当日祁氏子孙恪守家戒，避忌之谨，可令叹息。集后尚附商夫人《锦囊集》及诸女诗，余此本所收不足，王培孙所藏一本较备。虽一道光刻，而传本稀有，完缺不一。板本之事，岂易言哉。

《餐玉堂诗稿》

稿本。山阴祁偕毅撰。此稿本小册，亦与山阴祁氏遗书同出之物，前有作者名印。卷中有《读思濂曾叔祖哭忠敏公诗和韵》二首，偕毅当彪佳四五世孙辈，雍乾中人。

《屈翁山诗集》　卷附《骚屑》

康熙刻本。题“鸳水徐肇元抡三选”。大均有《翁山诗外》十八卷，未见原刻。大均著述乾隆中遭厉禁，流转绝稀，晚近始有重刻之本。此刻虽出选辑，犹是旧刻。《骚屑》一卷则词也。大均尝为永历遗臣，游吴越，预魏白衣、祁班孙通海之谋，又尝为僧，余藏古吴衲元璿《梅溪集》，盛远跋云："昔我友查韬荒负才任诞，不喜与浮屠家游，及见冬关文长老，不觉心折。后遇番禺僧一灵，为倡和莫逆。一灵者，即今之所称屈翁山者也。"此事人多不知，因附识之。

《读画录》四卷

康熙刻本。周亮工撰。板心下有"烟云过眼堂"五字。刻极精整，原签尚存。为吴静厂遗书，收于叶铭三许。亮工著作甚富，居白门久，刊书最多。晚年乃尽焚之，因少流传。此四卷书记明清之际画人故事最富，笔端有情，爱画而兼及画人，非通常小传可拟。而特详于金陵、新安作者，多有名字不彰，赖此而仅存者。余甚爱之，为加朱一过。

《字触》　卷

康熙刻本。周亮工撰。此亦原刻，罕见。四册，一函。九峰旧庐藏书，得于徐绍樵许。

《泊斋集》三卷

康熙刻本。释元尹撰。得于越中，似亦山阴祁氏书而无印记。前后护叶皆山水画稿，清疏有致，大类渐江上人笔墨。元尹，盐官僧。此集入平馆善本目。

《藕华园诗》　卷

康熙刻本。此亦和尚诗，刊印俱精，惜不忆姓氏矣。

《息影斋诗钞》　卷

乾隆刻本。虞山释律然撰。写刻甚精。集罕传，只《稽瑞楼书目》中著录之。余别藏万历刻王注苏诗，通体丹黄点阅，有师小印。又尝得旧印样一纸，中钤律然小印三十许方，多连珠印，精雅绝伦。凡此皆可见诗僧好事之一斑。

《妙叶堂诗钞》

雍正刻本。释灯岱撰。写刻精绝。黑口。前失数番。后附释正晓遗诗。得之徐绍樵许。

《话堕集》　卷

乾隆刻本。西湖释让山撰。余与《烎虚大师遗集》同收于九峰旧庐王氏。二集开板全同，当同由山舟付梓。而此三集篇章之富，视明上人几三倍之。惜已钗分，终期钿合，书此为券。

《国朝禅林诗品》　卷

嘉庆刻本。此本罕见，收作者约百人，人各有小传。选诗不多，而传记则有裨考史，亦不可废也。有南陵徐氏藏印。

《看云（诗）［吟］稿》 卷

乾隆刻本。张［棟鸿勋］撰。写刻，六册。卷帙颇富。二十年前，郭石麒介以归余，告此画人集，颇罕见。卷中缺数卷，而书为原装，无割裂之迹，不知何也。余即留之，堆置书丛二十年，绝未发视，而今亡矣，惟忆卷前有诗人小（象）［像］而已。看云与释明中往还颇密，于烎师遗集中知其生平一二。看云数游湖上，相与游宴者汪蘅圃、沈椒园、［曹］荔帷等。烎灵曾为制《松阴梦觉图》诗，注云："看云居莺脰湖之南。"又云："二月初招看云坐南屏梅花树下，观赵子固水仙画卷，有诗。"又一诗题曰："洞庭东西两山梅花称最佳，予惜未到。昨冬曾与平江张看云为探梅之约，及期以风雨不果，乃留张氏吟眺涤尘楼，观巨然画卷，且读看云自题楼诗，即用其韵而和之。时丙戌二月二日也。"丙戌为乾隆三十一年。

《小竹山人诗集》三卷

道光刻本。此亦石麒所售，告余曰，此亦画人别集，至罕见，遂重装藏之。作者明人，嘉定籍，忘其姓名。后人辑而重刊，忆尚有卷首卷末，皆传状题跋之属。石麒板本之学为诸估之冠，见闻最博，凡持书来而以一二言评介之者，必是佳册。同时老辈如杨寿祺、孙实君，皆不及远甚。

《南楼吟稿》二卷

乾隆有华书塾刻本。香溪徐暎玉若冰著。前有沈大成序。先后收得二本，一为南陵徐氏所藏。此为清刻女史集之著名者，二十年前积余遗书尚未全散，石麒导余至徐家观书，其寓居在陕西南路，所见皆奇零小册，选得十许册，此为其一。积余所藏清刻最富而精，专藏尤富，女史集其一也。惜所藏早日流散，身后更分归诸子，零散以尽耳。

《生香馆诗》二卷、《词》二卷

嘉庆刻本。李佩金撰。写刻甚精。每卷后有篆文双行牌记。女史名集，刊刻出陶子麟手，亦嘉庆朝名工，金陵姑苏一隅，名集多出其手。此本亦南陵徐氏物。

《听松楼遗稿》四卷

道光刻本。钱唐陈炜卿撰，钱仪吉室。此集有《授经偶笔》、序、述、记、赞、跋、论、家书等，于女史集中可称难能，不徒以诗词见也。家书数十通尤有情致，王照圆郝懿行室跋云："今读《授经偶笔》及尺素各篇，意思勤绵，时时以课读温经形于楮墨"是也。

《春驹小谱》 卷

乾隆刻本。陈邦彦撰。似巾箱本而少巨，刊刻精雅。尚当有《乌衣香牒》一种，未见。此似是蝶谱，搜罗繁富，并诗词雅言咸著之。传本甚稀，早岁偶得之徐汇唐肆。

《静便斋集》　卷

乾隆刻本。钱塘王曾祥撰。茨檐，雍乾之际文士，能文而名姓不彰。家贫。此集刊甚草草，而文皆可读，湖上故实，往往赖之考见。癸巳秋日，居湖楼二月，得书不少于松泉阁，无惊人之册，秋雨索居，阅此终卷，颇除岑寂。

《小石山房文一刻》

乾隆刻本。偃师武亿撰。皆金石考证单篇文字。中州开板，前无序目。传本绝稀。卷首有“大雷倪氏经锄堂藏印”。

《乐圃余稿》　卷

康熙裔孙岳寿刊本。宋朱长文撰。写刻殊精。白纸，最初印本。前有小（象）[像]。亦倪氏经锄堂藏书。长文《琴史》余曾有明人钞本，吴尺凫校跋，后易米去。长文吴人，乐圃今尚存，易名久矣。

《南垞诗稿》　卷

乾隆疏雨书堂刻本。武功马位撰。大字，刻甚精。得之汉文渊书肆。位卒年甚早，而诗稿盈帙，又有《秋窗随笔》一卷，入《北平图书馆善本乙目》。

《放胆诗》二卷

康熙刻。吴震方青坛选。前有朱彝尊序。写刻甚精，字形腴美，亦康熙刻之别格。所收李、杜、韩诸家古体长篇，皆豪纵之作。早岁得下卷一册于吴下，十年后于徐绍樵许见一全本，亟买之归。

《史记》百三十卷

嘉靖震泽王氏刻本。有缺卷，棉纸印本。卷中朱黄五色圈点校正甚精。卷前有“蒋扬孙读书记”双行朱文小长印，镌治精绝。又有廷锡墨笔细字跋，谓是归震川手阅本，未敢信也。徐汇唐肆主人以之见赠。

《洹词》　卷

嘉靖赵府味经堂刻本。白棉纸印，缺一册　卷。得之汉学书店。

《教家要略》　卷

嘉靖本。五宫姚儒撰。天一阁旧藏。今存卷首至　卷。黄皮纸印。二十年前得之沈仲芳许。沈自称鸣野山房后人，所藏天一阁残册不少。

《后山诗注》　卷

弘治刻本。黑口，皮纸，极初印。残存一册。后山诗明刻以此为最著，然实非善本。此册收得于隆福寺三友堂书坊，有寒木堂印。

《后山诗注》　卷

武英殿木活字本。旧山楼藏，赵宗建蓝笔阅本。孙伯绳既售宋本《花间集》等，遂尽弃所藏，余得此本于来青阁。

《鹤山大全集》

明铜活字本。存一册。厚黄皮纸印本。郭石麒所赠。狭行细字，古意纷披，所谓下宋板一等者。三十年前余游金陵盋山精舍，柳翼谋丈手此书见示，泉唐丁氏旧藏也。后遂未更遇。良友之惠，所不敢忘。

《初唐诗纪》

万历吴琯刻本。存一厚册，约十许卷。白棉纸最初印本，绝阔大，明艳照人。三十年前得于吴下。当时绝不重此种书，其实明刻唐集自亦可珍，无论刊本之旧，可资校雠，即以纸墨而论，一种书香自生，绝非近时恶刻可及也。

《周止斋集》

道光刻。二册。周济撰。凡介存斋诗词文皆大题另起，不计卷数。末附《折肱录》，则论书之作也。前有戴子高、谭复堂两家印记。得于三马路积学书社。主人扬州曹氏，名家騄，余绝少与之交易，然亦有藏书，甚自珍惜。尝见所藏秦恩复集之原刊本，索直奇昂，逾于明刻，不允议直，知亦知书而目光较旧也。余曾得许自昌刻《节侠记》于其肆，有精图，惜尾部少缺。后老曹死，其子应市，绝不知书。后亦未见其人，殆已不复执故书业矣。先是老曹以宋元本书数种见示，一《节孝集》实明初刻，一《书集传》元刻而缺一册。余适于吴下以重价得书三册，皆残卷，去一两金子。黑口本《书学汇编》最佳，有玉兰堂、辛夷馆诸印，即缪荃孙于《藏书记》中著录者。一即此元板《书集传》，为许博明物，装池如一，不知何以劳燕分飞。即以赠之，俾剑合珠圆，亦是美事。老曹问价，余不受也。用是颇德余，然终未能得一佳书于其肆，亦一奇事。

《味隽斋词》一卷

道光刻本。周济撰。刊殊草草，后附周青撰《柳下词》一卷，苏穆佩撰《贮素楼词》一卷。鸳湖沈氏海日楼所藏。此本稀见，《北平图书馆善本乙目》著录，当尚有《介存斋诗》六卷、《味隽斋文稿》一卷、《介存斋文稿》一卷、《味隽斋史义》二卷。

《侯鲭录》八卷

嘉靖芸窗书院刻本。刊极疏古，于嘉靖刊书中信是别格。棉纸精印。存一册。

《宋诗纪事》一百卷

乾隆刻本。厉鹗撰。刊极精雅，乾隆初元武林刊书之佳作也。二十四册，分装四函。藏书印记有杨文荪、沈树镛两家。得于传薪。此为樊榭名作，用力甚劬，采书极富，多有秘册，底本亦佳。偶取校雠，佳字甚多，可见校雠绝不草草。其后虽有补逸之作，然开山之功，终不可没。清诗特重两宋诸家，此书与有力焉。即藏书家亦力求宋元别集，尤重小家别集，皆此书扇之也。

《列朝诗集小传》 卷

康熙刻本。极初印。秀水庄氏兰味轩藏印，有朱校。九峰旧庐藏书，得之传薪。

《水经注释》 卷

乾隆小山堂刻本。仁和赵一清撰。初印精善。得于徐绍樵许。

《敦夙好斋诗》 卷、《续编》 卷

道咸中刻本。《续编》为琳琊秘室木活字本，传本稀见，似不在丛书中。汉阳叶名沣润臣撰。润臣家世贵显，兄名琛，为英夷俘去印度，死于其地者。润臣冷曹一官，日游厂肆，买书籍古物，集中多记之，可考见同官好风雅者诗酒倡酬、文物聚散之迹，非流俗集部可拟。集皆稀见，以无意中得之。

名沣藏书余收得不少，皆清刻佳椠，而绝未见明刻。十年前杭州尚有所藏故籍，似晚岁南归，家于湖上，惜未能详也。

《匪莪堂文集》五卷

光绪刻本。江浦刘岩撰。余藏《大山诗钞》之康熙刻，其人后以事狱遣戍，文集似当时未刻也。集中颇有记清初史事之作，刻亦精，佳书也。

《食旧德斋杂著》

光绪八年刻。宝应刘岳云撰。戋戋小册，板心卷数尚墨丁也。刘氏颇藏旧本书，此册皆考辨之作，犹有先世宝楠遗风。

《尚书隶古定释文》八卷

嘉庆甲子宁俭堂刻。嘉兴李遇孙撰。余素不收经部书，于传薪见所得旧家所藏清人说经之作不少，皆罕见，遂亦买得数种，此其一也。

《学诂斋文集》二卷

光绪庚辰冶城山馆刻。江都薛寿撰。丙申新正，于拉斐德路肆中得书数十种，况周颐所藏也。此为其一。文颇可观，晚清学人集，亦不多见，皆可珍重。

《悲盦居士诗剩》一卷、《文存》一卷

光绪刻本。会稽赵之谦撰。此似是潘伯寅代刊者，无序跋，不能详也。

《拜竹龛诗存》六卷、《钓船笛谱》一卷

道光刻本。嘉兴冯登府撰。得之静安寺汪估许。同得尚有柳东手写所收竹垞老人诗文稿目录一小册。

《鹤泉文钞》二卷、《文钞续选》八卷、《集唐》 卷

嘉庆刻本。太平戚学标撰。刊颇草草，而实罕传，不知尚有它种否。《四书解》一卷未见。

《产鹤亭诗九稿》

乾隆刻本。嘉善曹庭栋撰。得于徐绍樵许，王绶珊物也。余收庭栋所著书不少，亦清中叶一作者。此集中有两卷为正续《魏塘纪胜》，尝挟此册以游嘉善，于梅花庵中尚见有庭栋诗刻于壁上。集颇罕传，往往不足。盖随时付刻，至九稿而卒。

《巢林集》七卷

乾隆刻本。富溪汪士慎近人撰。近人为扬州八怪之一，善画梅，歙人。卒于乾隆二十四年，年七十四。此集为近人手书上板，精雅绝伦。马氏玲珑山馆代刻。前有乾隆九年陈

撰序，是自编诗四卷初成。七卷所收诗至乾隆十六年止，明年巢林双目俱丧，不再能作细字书，因是集存卷奇零也。卷前有小（象）［像］，执瓯饮茗，是生平所好。后有赞，忆是高翔所书，然则（象）［像］亦高作矣。此书板片后归金楷，于道光中曾重印之，有新跋，与两峰集正同。余此本抚印绝初，有风雨楼印。

像赞实陈章撰，其文曰："好梅而人清，嗜茶而诗苦。惟清与苦，实渍肺腑。"前忆赞为高翔书，盖误忆《冬心先生集》前（象）［像］赞也。

《王复斋钟鼎款识》

积古斋刻本。扉叶有阮元朱笔题识两行，略云："费玉珊或误同年出使琉球，归以此纸赠余，因抚印数册，以遗同人。"下钤"阮元私印"朱文方印。纸极厚重，镜面研光，外附一樟木匣。己丑冬日，犯严寒过津门，过东门里宝林堂书肆买得。同收尚有刘燕庭抄本《河东先生集》、旧抄《柳塘外集》有海宁杨耑木藏印。此肆四十年前曾过之，买得建德周氏刻《屈原赋注》者。得书之日，更穿城至鼓楼，出北门，见费宫人故里，坊表依然，遂出北大关至大寺前，谒四叔四婶于孙家旧宅，已十年不见矣，转眼亦二十五年前事矣。

《寿平堂稿》

雍正精写刻本。钱唐张钱沄白湖撰。前有汪亮采序。白湖，杭州府学生，何义门弟子，年三十二卒。有《题金寿门空山草堂》诗，小序云："寿门能诗善鼓琴，暇日取岑嘉州'此曲弹未半，高堂如空山'句，以颜其草堂。余为之赋诗。"以下更有《空山草堂杂诗》凡五绝八题，曰拥琴楼、补梅园、一镜泉、片云石、芙蓉洲、芳草巷、萝磴、竹坪。

《宝铁斋诗录》

道光己酉浔江郡舍刻本。元和韩崇元芝撰。崇与林少穆交善，集中有送林离广州诗，云则徐乘小舟出海口，独傍夷舶而行。读之气壮神王。

《天真阁集》 卷

道光刻本。昭文孙原湘子潇撰。全集甚富。其词曰《小银河舫吹笙谱》。后附妻虞山席佩兰道华氏《长真阁集》十卷。夫妇皆寄情于钱柳因缘，集中存题河东君墓诗文几十首，亦好事之尤者。

《学古集》四卷、《牧牛村舍外集》四卷附《诗论》

嘉庆刻本。宋大樽撰。余先得《学古集》，系黄纸印本。后更收《牧牛村舍外集》，白纸印而书品差小。以其罕见也，命工以雪库装之。

《道腴堂杂著》一卷、《续杂著》一卷、《雪泥鸿爪录》四卷

乾隆刻本。鲍鈖辛浦撰。此为名集，当尚有《诗编》三十卷，《脞录》《禅勺》《勿喧录》等数种。余先得《杂著》一册，读而好之。后乃收《续杂著》一册于徐汇唐肆，后有缺失，为徐紫珊故物，乾隆五年自序刻本。《鸿爪录》四卷得之来青阁，则杂考历岁宦游所经名胜故迹之作。鈖似是汉军旗人，以康熙乙未铨授长兴令，履任三载，被劾解去。例以原缺补用，需次京国者十四年，雍正辛亥复除兹邑，遂名所居曰前度轩，刊书时每每用之，即前度轩刻本也。至乾隆初尚宰斯邑，与浙中名士往还颇密，风雅好事，喜刻书，皆精好。丁酉游吴下，见文学山房收得鈖集一束，中有缺失，靳不允售，盖冀其尚能补完也。鈖与冬心尤稔，有与金寿门书，又跋冬心先生诗集一首、金寿门所制镫赞一首，俱在《续杂著》中。后二文缺失未见。余向撰《冬心先生年谱》，稿本已沦劫火，惟所抄辛浦与寿门书一通却在盗遗残楮中，重阅一过，而绝妙史料也。因迻录之：

嘉平十有八日，鈖白寿门足下：乌程筵上一别，暝息十阅月矣。乏月初有渡江之役，刺促于龛渚两山间，衣不解带者七昼夜。罄一岁养廉所入，委诸胥母之场，仅告无过而已。中秋前复有四安奸民，挟嫌告密，诬妄罗织三十六人，列以天罡之谶。致使羽书旁午，兜鍪执

锐者相望于道。按籍捕捉，逮系郡城，守令会鞫，五旬始定爰书。舟子、隶卒、舆台、胥靡辈皆仰食于仆，米日一钟，如填巨壑。薪蔬油烛之费，倍溢中人之产。宦囊羞涩，何堪支此。前承谆谆劝勉，以不朽之事相期，不敢自暴弃，已排纂诗编，刊成二十卷，夏秋之作亦第入焉。自序一篇，略悉端委。异时倘得流播艺林，盖皆足下之赐也。月朔十日，载扬褰裳过从，知足下尚旅食维扬，豪情胜致，自多倾倒。第天宁佛火，萧楼明月，在昔渔洋凭眺怀人之地，今喜风骚接迹，后先辉映，不识画溪漫吏，得一邀雅人注念，如佛壮液山阿戫诸公否。然颇闻足下炙毂之次，訾议鄙刻，未审曷由即知，谨装辑一帙，附载扬转献，妄冀与巨集竞胜于时。其如《析杨》《皇荂》，难以媲美大雅；兔园字画，殊非《说文》宋椠之匹。而且帝虎晋豕，舛讹未雠；松液烟煤，工力不敌。虽则夸多斗靡，终不免小巫色沮。奈何奈何！足下久客名区，著作必日益富，研田当益获良材，传有千金待价者，其信然耶。但恐高赀富人，尠谙墨稼，卒不肯以盐筴相易耳。朱郎楚材，小臧小鹊，均稔无恙。洪乔便旅，数望惠书，言不尽意。鈖白。

冬心小年游浙，常往来长兴，与鈖游宴。后去维扬，踪迹少疏。观此书知作于诗编二十卷初刊成时。冬心于其诗集有微词，殆居上都，交名士，遂不更重此区区郡守矣。砚有千金待价之品，所制灯更精巧绝伦，袁随园至为赞，且作缘售之富人。板桥赠冬心诗，有“紫髯碧眼照商胡”语，凡此皆可见冬心行径一般。楚材小鹊，当皆俊童，知寿门虽居萧寺，生涯颇不落寞。诗集题画数种，仿宋精雕，至用宋纸刷印，见徐子晋《前尘梦影录》，殆非辛浦刊诗所能比肩。冬心自言五十以后始学画，其画迹往往出弟子罗两峰辈手，冬心只自为题记耳。向读乾嘉人集，见与寿门同游酬赠之作，以湖上为多，而在扬州时不如也，其故可思。清初维扬为东南一大都会，徽商盐贾聚集，地主豪绅更视之为人间乐国。名园踵起，文士如云。画家有八怪之称，取径自殊，别于虞山、吴门。人言以寄故国之思，其实投时之所好而已，经济之影响于文艺者如此。金冬心实为重要人物，然晚岁则穷愁潦倒矣。炅虚上人有寄寿门三诗，最佳，可见冬心晚岁光景：

孤山花发梦归迟，廿四桥头系客思。想见僧窗明月上，白须人自画疏枝。

驿使难逢得寄迟，酸寒气味慰相思。漫嘲腊月供团扇，冰雪消残无好枝。腊月十三日雪中得冬心先生画梅扇，即寄秀州老友。

先生穷且老，况复病扬州。旅巷荒人迹，乡音引客愁。墨梅花鬻尽，高士榻空留。先生藏一榻，自谓云林故物。握手又分手，何堪在晚秋。问寿门疾。

此诗作时，冬心已老病侵寻，然犹不忍弃扬州返故乡也。自藏一榻自谓云云，古董家数如见矣。冬心身后故事无记之者，余所见以芰公此诗为最后相寄之作矣，因聊借鈔集一论之。

《孱守斋遗稿》　卷

乾隆刻本。姚世钰著。此亦鲍辛浦所刊，有张四科序或跋。诗文外尚有书札数卷，娓娓可读。世钰才人，甚贫，曾数往来邗上求食，终早殁。与金寿门故交，所记雍乾之际文士生涯，为得其真，满纸酸辛，不忍观也。徒见诗集，每疑时世承平，唱酬之乐，不亚神仙，每为所误。近见石涛晚岁售画与人书，亦此类。会当汇萃诸种，一破康乾盛世之妄，亦一要事也。丙申岁晚，自滇中归，偶过书肆，于架上抽得之。

《孔堂初集》　卷、《孔堂私学》　卷、《王立父遗文》一卷

乾隆刻本。长城王［豫］撰。此亦鲍辛浦前度轩刻，精雅非常。偶得之古书店架上，甚得意也。长城，长兴旧名。

《茶山老人遗集》二卷

雍乾中鲍辛浦俊逸亭刻本。此宋人诗，而鈔重刊者。开板特精雅，大字。世但知清初写刻本之精，而不知宋体字刻精雅转胜。辛浦所刊书，只《钝翁说铃》为写刻，此外皆宋字也。此册徐积余物，石麒以之归余。卷尾有小篆书双行牌记，云“雍正纪元俊逸亭开雕”。

《槐塘诗稿》十六卷

乾隆刻。钱唐汪沆撰。得于湖上，尚有文稿未见。二十年前余得《小眠斋读书日札》写本，为劳季言校本，未刊。余收得清初杭人小集不少，然未见者多。惜当日未及广搜，今遂不可更得矣。姑列杭人文士之姓氏如次，亦不完备，聊以备忘耳：

厉鹗、符幼鲁、吴焯、丁敬、汪五沆、龚三之镠、杭二世骏、张熷、王二曾祥、汪浦、潘二启贤、唐大枢、周大文贵、杭五世瑞、徐逢吉、龚三鉴、周大天度、陈三皋、陈大森、朱振祖、王霖、沈甲、吴大承熙、吴大颖芳、施二安、孙二庭槐、吴大城、施六廷枢、孙大庭兰、沈廷瑞寿民孙。以上康熙末至乾隆初，见《秋声馆吟稿》。

顾寸田、施竹田、让山上人、王茨簷、陆南香、陆敦南、张铁珊艺舫、梁菽林、周穆门、金闻石、张怡亭、江声、树田、云汀、寿石、钝厂、朱蔗圃、金寿门农、袁春圃、戴鹂亭、梁同书山舟、［曹］荔帷、汪蘅圃有十八峰草堂别业、岭云。以上出《烎灵大师遗集》，约略与《秋声馆》同时而少晚。

《龙山诗话》　卷

乾隆刻本。传本甚稀。得于甬估林集虚许。装池未佳，裱背厚重，遂重装藏之。

《鸿泥日录》 卷、《鸿泥续录》 卷、《鸿泥续吟》 卷

道光刻本。王［定柱］撰。此入滇纪行之书，滇黔道里景物、风土人情，记述甚详。刻不工，而流转绝稀。《北平图书馆善本目》著录抄本，且只一录，诗亦无之。是此原刻全本，可珍重也。

《享帚楼词钞》 卷

道光精刻本。江都秦恩复撰。恩复曾刊《词学丛书》，虽无何秘本，然校雠颇精，开晚清朱王汇刻诗余风气，其功自不可没。此集雕镌精整，序后有“道光纪元刊于家塾”牌记一行，流传甚稀。余先得一本于徐绍樵许，重装藏之。后更收南陵徐氏所藏一本。其《石研斋集》亦精写刻本，一见于扬州曹氏，未能收得。所藏佳册，只于来青阁得旧抄《麈史》一种，他未之见。

《吕衡州文集》十卷

江都秦氏重雕本。此为所刊唐人三家集之一，吴眉孙藏本，得之海上。秦氏倩元和顾千里校刻行世，校雠极精。所据祖本为叶石君抄本《吕和叔文集》，余于浮溪王氏买得，有周香严校甚精。曾取对此本一过，与原本不差累黍。清人校书之精，非前人所可及也。

《松邻遗集》十卷

文楷斋雕，朱印本。仁和吴昌绶伯宛著。此虽近刻，而流传至稀。叶卷盦曾有长跋记昌绶故事，及此书刊印事，余为录入书前。伯宛刊《双照楼词》极精，儿时于津沽见之，叹赏不置，不敢问价。生平好旧本书，实基于此。所刊《松邻丛书》等亦精，实为近来一大收藏并校雠家。然生平患贫，不能得佳椠重器如建德周氏耳。抗战中徐汇唐肆得褚德彝家书，中有小册，为伯宛手书札记，题“甘遁村氓日札”，余向主人乞得，后以赠周叔弢丈。此集诗稿杂文，皆出章式之手定。

《东坡诗》

天顺刻《东坡七集》本。棉纸，黑口。自卷首至诗集末而止，文集不存。得于叶铭三许。雪库衬装二十许册，用磁青洒金绢面作衣，不知何以珍重如是。时余方得黄州大字本《东坡后集》残卷，因手校之。二书编次不同，翻检不易，遂未终卷。宋本佳处极多，惜匆匆无暇，未竟校也。坡集异本至多，迄无人校一定本。大抵宋刻当以黄州大字本为第一，忆于周叔弢藏书中尚见数种，然无一诗集，所谓前集更未见著录。至王状元注本，虽是宋刻，然出自坊间，不足重也。

《复社姓氏录》《复社姓氏传略》　卷

道光南陔堂刻本。前有潘椒坡印，又结一庐藏印。庚寅春日，郭石麒告余南阳路张佩纶家书散出，发兴往观。但见

《涧于日记》堆积如山，旧本无之。只选得此本，尚是名书。后数年宋本《花间集》等四种出，由来青阁之介归孙伯绳，亦同出一源。又七年，结一庐书一百种出，中有宋板《艺文类聚》等，因疑朱氏书已埽数出矣。赵万里撰《古刻名钞待访记》，按目而稽，云当尚有元刻《乐章集》等未出，终未知其书尚在否。余得知其家书散最早，而所得最少，因知凡此皆是因缘，未可强致也。

《历代纪元年表》

齐召南撰。扬州阮氏刻。三册。亦同时选得之书，前有唐栖朱氏结一庐藏书印。

《海日楼书目》

稿本。蓝格写本。著录颇详，分号写录。有沈慈护批注云“尚书公跋”者，沈子培手跋也。此为石麒所赠。当年沈氏书散，即照此点收，颇有佳册。大抵明本最精，其云宋元板并樟木匣之物，则未必确然无疑也。子培学人，亦非不知书者，然终限于力，而眼光亦少旧耳。

《九峰旧庐藏书目》

稿本。红格。凡三厚册。得之徐绍樵许。王氏书最后归徐绍樵，凡三数次买尽。多半清刻，间有明本。最佳者有明蓝格抄本《太平御览》一叠，不全本。又铜活字本《白氏长庆集》半部，皆为孙实君买去。余所得佳本亦夥，最后此目亦出，全为书帐，记书名、书价，及得书岁月，少记板本。其所得江安傅氏、古里瞿氏、江宁邓氏三批书为大宗，价各巨万，而以瞿氏书为最精，傅氏书为最劣，盖欺其为无目也。然王氏所藏佳本及地方志每不见于此目，或另有它目，今不可知矣。

《经济类编》

天一阁黑格写本。棉纸一厚册，原装。此非冯琦书，不著撰人。以类相从，汇集故书所载故实，盖仿《大典》而少简要，然原书已十数巨册矣。然引书不著出处，写手亦草草。今阁中尚存数册，见于林集虚《目睹书目》中。

《太平御览》

明棉纸蓝格钞本。存一厚册，写手殊精。此书宋刻无全佚，明时尚未缺佚，颇有传抄之本。今海内全帙尚有数本，此虽奇零，终是五百年前精写之本，可珍重也。

《盛明五家诗》

明钞本。存卷首一册。棉纸蓝格，写手极精。板心似有“月湖陆氏家藏”（五）［六］字，得之甬估林集虚许。月湖在甬上天一阁畔。

《江南春》一卷

道光梁章钜刻。写刻甚精，大册。明沈周等唱和之作也。

有南陵徐氏藏印。木犀轩亦有此书，为嘉靖刻本，然则此系出于明刻，非据原迹矣。书自稀见，无著录者。

《类编草堂诗余》四卷

嘉靖刻本。小字写刻。存三、四两卷。题“武陵逸史编、开云山农校正”。

《曲品残稿》

远山堂绿格写本。余得祁幼文《曲品》，前有残叶约十许叶，仅余近书脑处残断少许。付工重装时去之，别装一册。原稿已赠北京图书馆，而残叶尚存，并余旧跋皆在。今同付劫灰矣。

《秀濯堂诗》

康熙刻本。作者姓氏已忘之矣。前有邹存淦藏印，得之来青阁。未几文学山房估人持词集数种来，中有一册，同出一人，亦康熙刻，而小字写刻殊精，非同时所刊也。喜而留之。

《愿学斋文集》　卷

嘉庆刻本。嘉兴李［集］撰。此为名集，流传绝罕。南陵徐氏藏书，石麒持来，珍重相付，亟称其佳。卷前有作者小（象）［像］，两册。文皆可读，忆有记文瑞楼一文，详及金星轺事，前所未见。

附录　增补十二篇

《不遮山阁诗抄》

康熙精写刻本。不忆作者姓氏，《四库》未收。竹纸六册。

《记红集》三卷、《词韵简》一卷

清吴绮、程洪选。康熙刻本。余所藏凡二本，虽同是一刻而扉叶不同。此为清初人词选总集名书。徐乃昌旧藏。

《直庐集》

乔莱撰。康熙刻。写手厚重，初印精好。与《不遮山阁集》同时收得。

《田间集》

钱澄之撰。康熙刻。此集罕传，未见著录。徐乃昌书，有“积余秘笈识者宝之”印。

《阆桴》

明人朱丝阑写本。山阴祁氏藏书。道家言也。同时所见尚有《真诠》一本，未收。

《圭峰续集》十五卷

嘉靖余载仕刻。棉纸，二册。收于湖上，有“姑苏吴岫家藏”朱文小方印，又“贺黄公藏书印”朱文方印。

《小四书》存卷一之四

嘉靖丁未楚藩刻本。黑口，有朱升序及楚府武冈王显槐重刊序。卷一《名物蒙求》，方逢辰撰。卷二《性理家训》，程若庸撰。卷三后有牌记，黑匡五行。卷四《史学提要》上。

《樊川集注》

冯集梧稿本。黑格精写，大题尚未定。

《佛尔雅》

（嘉庆）［乾隆］刻。周春撰。此书后有翻刻，此则初刊，有韩小亭藏书印。

《虞邵庵先生文选心诀》

明初黑口本。刻极古拙。

《寻芳漫述》

乾隆中刻巾箱本。小说家言也。未见著录，与《令海》一册同收，板式正同。后又于成都市上得大字抄本一册，即从此出。

《变雅堂集》

康熙刻，杜濬撰。有“瑞轩”印记。四册。此书有光绪中重刻本，此为原刻，罕传。

图书在版编目（CIP）数据

前尘梦影新录/黄裳著. -- 济南：山东人民出版社，2020. 1

（黄裳集. 古籍研究卷. Ⅱ）

ISBN 978-7-209-12054-8

Ⅰ. ①前… Ⅱ. ①黄… Ⅲ. ①古旧图书－图书目录－中国 Ⅳ. ①Z839. 2

中国版本图书馆 CIP 数据核字(2019)第 106212 号

前尘梦影新录

QIANCHEN MENGYING XINLU

黄 裳 著

主管单位 山东出版传媒股份有限公司

出版发行 山东人民出版社

出 版 人 胡长青

社　　址 济南市英雄山路 165 号

邮　　编 250002

电　　话 总编室（0531）82098914

市场部（0531）82098027

网　　址 http://www.sd-book.com.cn

印　　装 北京图文天地制版印刷有限公司

经　　销 新华书店

规　　格 16 开（160mm×230mm）

印　　张 19.5

字　　数 200 千字

版　　次 2020 年 1 月第 1 版

印　　次 2020 年 1 月第 1 次

ISBN 978-7-209-12054-8

定　　价 56.00 元